STEINER · NEUMÜLLER · **VENEDIG**

Bertram Karl Steiner • Ferdinand Neumüller

Venedig

Venexia. Eine Hörigkeit

Mit kulinarischen Tipps aus der Serenissima

Verlag Carinthia

Inhalt

Venexia –
Eine Hörigkeit

Oh Moschus, oh des Katzenpipi Duft!
Odeur aus heißem Öl plus Parmesan,
Plus Knoblauch, auf der Sprotten Leib getan,
Auch Pinienodem würzt die Abendluft.

Von drunt' ein Hauch aus exhumierter Gruft,
Ganz nah' bläst mich dein heißer Atem an,
(Wir haben es solang' nicht mehr getan!)
Der mich in deine feuchte Grotte ruft.

Parfum, in der Drogerie (am Eck') erstanden
Vermischt sich mit der Epidermis Salzen;
Und während glatte Gondelbäuche schnalzen

Ins salz'ge Wasser, lass' mich bei dir landen:
Das Fleischgestade, das du mich lässt schauen
Stärk' mein Gemüt mit innigem Vertrauen.

•••

Stärk' mein Gemüt mit innigem Vertrauen,
Solang' bei Kröpfen im Exil ich weile:
Von dir entfernt so manche Langeweile
Und angewidert von der Alpen Grauen.

Der mag den Alpenkröpfen nimmer trauen,
Der einmal nach dir stieg und dann in Eile
Gespäht an deinem Schlüsselloch. Wie geile
Kater um der Katzen Gunst miauen!

Du jagtest mich von dir, und grausam lächelnd
Sahst' du, wie ich aus deinem Reich entfloh.
Mein Lebtag werd' ich nicht des Lebens froh.

Bis du mich rufst, und wär's in Hades Auen,
Dich sanft mit Taubenfedern fächelnd:
Ich will Venexia im Abendrot erschauen.

•••

Ich will Venexia im Abendrot erschauen.
Entblößt, wenn sie ins Rosenwasser gleitet,
Bestirnt, wie sie den Flügellöwen reitet,
Der schnurrend einzieht seine Katerklauen.

Hat er doch die erlauchteste der Frauen
Zur Herrin, die gern Wollust ihm bereitet,
Mit ihren Fingernägeln unters Goderl gleitet:
Auch meinen Leib will ich ihr anvertrauen.

Rosa ihr Haus, das Dach aus Kärntner Blei:
Sie ist als Schicksal über mich verhängt.
Sie spürt mir nach vom Kindbett bis zur Gruft.

Als Incubus wohnt sie in jedem Traum mir bei;
Sie ist die Inquisition, die mich bedrängt
Bis mich der schlaue Gondoliere ruft ...

•••

Bis mich der schlaue Gondoliere ruft
Zu dir, Venexia auf's Inselchen zu fahren
Begehre ich nach denen Calamaren
Und ihrer weißen Ärmchen Knoblauchduft.

Der Thetis denk' ich, die an diesem Duft
Allein der Peleus, sich mit ihr zu paaren,
Herausroch unter Calamaren-Scharen.
Und ihr Gewalt antat, der miese Schuft.

Wie sehr sie sich mit den Tentakeln wehrte
Und mit dem Schnabel wütend nach ihm schnappte:
Er ließ nicht ab von ihr und überschwappte

Mit seiner Wollust Flut die heiß Begehrte ...
Oh', Calamari-Fraß an frischer Luft:
Dann will ich balgen mich in kühler Gruft ...

•••

Dann will ich balgen mich in kühler Gruft
Mit Maden, Fäulnis, eigenem Gebein
Zwölf Jahre fern Venexias Sonnenschein:
Dann holen sie die Reste an die Luft.

Und siehe: Sie verströmen Mannaduft
Sobald er offenliegt, der morsche Schrein.
Ein Pomfuneberer riecht kurz herein
(Im Ruderleiberl, seiner Arbeitskluft).

Er schaufelt die Knochen, beutelt das Gewand,
in langer Grabesnacht ist es vermodert.
Im Nachbarsarg bauscht sich textiler Tand,

Der schwärzlich in den weißen Himmel lodert:
Geiles Skelett, wir wollen uns erbauen
Mit Venexias heißen Klagefrauen.

•••

Mit Venexias heißen Klagefrauen
(Sandvipern ringeln sich statt goldner Tressen
Um ihre Köpfchen) lasset mich vergessen,
Dass in der Oberwelt noch Himmel blauen!

Mit ihnen züngelnd auf den Lattich-Auen
Mit ihnen schmusend unter den Zypressen:
Sie sollen mich mit Haut und Haaren fressen,
Genüsslich Glied um Glied zerkauen.

Vor geiler Lust und Trauer ungestüm
Feiern wir Venexias Carneval
Schälen wir uns aus unserm Leibskostüm:

Dass wir Venexias Mysterium erschauen
(das tiefste in der Erde Jammertal)
Mit rosa Putti auf Elysiums Auen.

•••

Mit rosa Putti auf Elysiums Auen
»Erwarte mich, ich werde zu dir finden,
Selbst in des Schattentales tiefsten Gründen!«
(Am End' musst' ich dem Barcarol doch trauen!

Die Möwen lachten zwar auf ihren Tauen):
Er löste die Knoten, die ans Festland binden
Und lenkte resolut, doch mit gelinden
Ruderschlägen aus des Daseins Grauen.

Zur meerumschwappten grünweißroten Mauer
Zieht uns, ein übermächtiger Magnet,
Dein Machtwort, seit es lockt und fleht,

Fest aber wie Venexias Verfassung steht:
»auf meinem Eiland endet alle Trauer«,
Wo fäulnisschwanger schwelt die Atemluft ...

•••

Wo fäulnisschwanger schwelt die Atemluft
Wo sich die Colombine demaskiert
Wo jede Nonne ihre Scham verliert
Und sich in nichts hüllt, als Zypressenduft.

Wo alles Fleisch sein Dasein widerruft
Wo jedes Auge wie Aspik geliert,
Dort, wo du thronst im marmornen Geviert.
Nahmst du mich auf in deiner schönen Gruft.

Dogaressa, die du sonst verweilst
In San Zanipolos geweihten Hallen:
Die du im Hospital die Siechen heilst,

Sie hold befreist von ihrer Larven Fluche:
Dein Kater ritzte mich mit seinen Krallen,
Oh' Flügellöwe auf dem Scharlachtuche ...

•••

Oh' Flügellöwe auf dem Scharlachtuche:
»Meer sind und Land und Stern' mir untertan!«,
Markiertest du im Hafen von Piran
Und drohst der Welt mit deinem Löwenspruche:

Dass keiner sich an deiner Kraft versuche.
Hast du Pipi auf jeden Weg getan
Vom Etsch bis zum Serail des Kublai-Khan
(Der vierte Kreuzzug schlug sich auch zu Buche) ...

Kreuzzug, Krallen, Handel: alles nützt,
der Vollmondnächte Katerbrunftgeschrei,
Dem, der Venexias Imperium beschützt,

Der seine Grenzen zu den Sternen weitet;
Terribler Schmusekater und Lakai,
Auf dem Venexia übers Meer hinreitet.

•••

Auf dem Venexia übers Meer hinreitet,
San Marcos militantes Katertier:
Schleuß' mir die Pforten auf, lass' mich zu ihr,
Wo auf dem Sofa sie die Glieder spreitet,

Von ihres Priesters Litanei begleitet
Vor Spiegeln räkelnd ihres Leibes Zier
(Wohl kennend ihrer Adoranten Gier)
Ihr eignes Fleisch zum Picknick zubereitet.

Du lagerst vor dem aberdunklen Schacht
Taxierst die Sterblichen und eh' schon Toten
Dass ja kein Frevler dräng' ins Boudoir.

Mich zwangen unter deine Löwenmacht
Venexias Reize ganz und gar:
Reich ihrem Cicisbeo deine Pfoten!

•••

Reich' ihrem Cicisbeo deine Pfoten,
Löwe, lasse dir das Goderl kratzen:
Gemeinsam fantasieren wir Hafenkatzen,
So scharf sind sie wie Pfefferonischoten.

42
41

Die schwarzgrünen Gondelbäuche waren, platsch, schnalz, prack, im Liebesspiel mit dem grünen Wasser begriffen. Der Vaporetto fuhr damals noch die Abkürzungsroute, die gegenüber der Ca' Mocenigo wieder in den Canal Grande mündet.

Der Vaporetto war überfüllt – fette Touristen
mit nackten Bäuchen, in platzenden Shorts.

Vor solchen Katzen kommt es noch den Toten:
Sieh' wie die Feigen aus den Schalen platzen,
Den Hausverstand der Kater brandzuschatzen.
Wie in Alvise Zorzi Baffos Zoten.

Venexia lacht drinnen Coloraturen
Lässt sich Sorbet vom Personal servieren.
Derweil ich unter mancherlei Torturen

Der Katzen das Bewusstsein soll verlieren:
Befreit Venexia mich von dem Fluche?
Das sage wahr, aus deinem Zauberbuche ...

•••

Das sage wahr aus deinem Zauberbuche:
Wenn in der Fastnacht es Confetti schneit,
Wenn San Francescos Zügenglöckerl schreit,
Dann hab' ein Ende ihres Pilgrims Suche.

Dann will Venexia, dass ich sie besuche,
Zum allerletzten Rendezvous bereit,
Im Casino außer Raum und Zeit
Verwöhnt sie mich unterm Leichentuche.

Sag, dass sie mir jeden Wunsch erfüllt,
Vor allem den, nie mehr von mir zu weichen.
Sag' Löwe, dass sie mich statt dir dann reitet,

In nichts als Schweiß und Wollust eingehüllt,
Das sag' mir wahr, gib' das geheime Zeichen:
Dass mich Venexia dereinst begleitet ...

•••

Dass mich Venexia dereinst begleitet
Selbst in der Piombi mörderisch klammer
Enge, sei Trost in meinem Katzenjammer,
Der jede Hoffnung mir solang bestreitet.

Verlorne Schritte, die mich vorbereitet
Auf jene Nacht in jener schwarzen Kammer;
Doch dann dein Machtwort: dreimal fällt der Hammer
Die Maske fällt, der Tempelraum sich weitet.

Erkenn' ich mich selbst in deiner Augen Spiegel?
Fühl' ich den Schädel unter unsern Wangen?
Seh' ich im Abglanz Mond und Sterne prangen?

Ich schweige, denn du küsst mir auf dein Siegel.
Noch eine Reise hast du mir geboten:
Zum Picknick auf dem Inselchen der Toten.

•••

Zum Picknick auf dem Inselchen der Toten
Hat mich Venexias Meisterwort geladen;
Mein Seelenheil hing noch an einem Faden,
Da schickt' sie mir den Barcarol als Boten.

Oh' alle, alle hat sie aufgeboten,
Die Nobili, die Katzen und die Maden:
Sie nimmt die ganze Welt zu sich in Gnaden,
Die fröhlich herströmt in den Trauerbooten.

Tocai, oh' geschabter Parmesan,
Facht' dem Verlorenen die Sinne an
Wenn er im letzten Kampfe streckt die Glieder:

Etiam et etiam und wieder und wieder:
Von der Pubertät bis in die Gruft.
Oh' Moschus, oh des Katzenpipi Duft!

•••

Oh' Moschus, oh des Katzenpipi Duft!
stärkt mein Gemüt mit innigem Vertrauen:
Ich will Venexia im Abendrot erschauen
bis mich der Schlaue Gondoliere ruft.

Dann will ich balgen mich in kühler Gruft
mit Venexias heißen Klagefrauen
und rosa Putti auf Elysiums Auen,
wo fäulnisschwanger schwelt die Atemluft.

Flügellöwe auf dem Scharlachtuche,
auf dem Venexia übers Meer hinreitet,
reich ihrem Cicisbeo deine Pfoten!

Das sage wahr aus deinem Zauberbuche:
Dass mich Venexia dereinst begleitet
zum Picknick auf dem Inselchen der Toten ...

Anonimo Veneziano, gegen 1745(?)

Initiationen

Eh' mir ins Nichts die letzten Stunden rinnen
Will ich noch einmal auf und nieder wallen,
Venedigs Meer, Venedigs Marmorhallen
Beschaun mit sehnsuchtsvoll erstaunten Sinnen

August Graf Platen-Hallermünde

Es ist ein bleischwerer Tag gewesen, als Venexia dir die letzte, die laszivste Zärtlichkeit gewährte: Für Auge, Nase, Lippen und ... Der Vaporetto von Murano, wo du in den Glasöfen der Erde Kern erblickt hattest, den feurigflüssigen, aus dem die zerbrechlichsten Gebilde hervorgehen, der Vaporetto war überfüllt; fette Touristen mit nackten Bäuchen, in platzenden Shorts. Zwischenstation Cimitero, San Michele. Da bist du ausgestiegen, das Wasser schnalzte grün zwischen Bordwand und Anlegestelle, ausgestiegen auf höheres Diktat der Gebieterin. Überm Portal des Klosters hält der Erzengel Michael die Waage. Keine Zeit für ein Verweilen im Kreuzgang, unter dem die früheren Liebhaber Venexias zu Staub zerbröseln. Es ist Eile geboten, wenn SIE einen zum Rendezvous bestellt. In ihren privaten Garten; ein Picknick unter diesen Zypressen wäre reizvoll, ist dir durch den Kopf gegangen. Der Kies spritzte unter deinen Schuhsohlen weg, die Grillen rasselten hinter den Baumrinden. »A quell' amor ch' è palpito ...« Der Ohrwurm aus La Traviata meldet sich, nagt,

nagt. Ein schwarzgelb gestreiftes Plastikband signalisiert »Zurück!« Nicht, wenn Venexia zur Audienz befiehlt. Durch, weiter. Mit Vorbedacht gewählt der Platz zum Rendezvous: eine lange, seichte Grube im grauen Sand. Unten die zwei Reihen offener Särge, vermorscht, die Deckel waren entfernt worden. Es bauschten sich letzte Garderoben im Schirokko, falscher Brokat und Gaze. Wie jeder Hausfreund Venexias weiß, werden die sterblichen Überreste der auf dem Friedhof San Michele Bestatteten nach zwölf Jahren exhumiert, um Platz für die Nachdrängenden zu schaffen (die Gebeine werden in einer engen Toten- Garconniere eingemauert oder im Ossuarium endgelagert).

So auch jetzt: Augenblicke gibt es, da macht einen der endlich gewährte Anblick der absoluten Nacktheit verstummen.

Was ist es aber, das heraufduftet? Riecht's nach Tod oder nach Leben? Nach dem Manna in der Wüste? Oder doch, blasphemischer Gedanke, nach »der Liebesnächte Kühlung«? Ein Geruch wie keiner zwischen Himmel und Erde. Unabweislich stieg dir das Bild aus dem ersten Band der »Geschichte meines Lebens« des Casanova unter die Schädeldecke, beschworen von dem Duft von ganz unten.

Casanova, zehn Jahre alt, ist von seiner Großmutter zu einem Priester in Padua in Kost und Quartier gegeben worden. Der Priester, zugleich Privatlehrer und Betreiber eines Internates, hat eine 13-jährige Nichte, die hilft im Hause. Sie macht sich karitative

Gedanken über die Reinlichkeit des Knaben. Als Greis, im winterlichen Purgatorium Böhmens, wird sich der Knabe erinnern:

> Eines Morgens kam sie an mein Bett und brachte mir weiße Strümpfe, die hatte sie mir gestrickt. Nachdem sie mich gekämmt hatte, sagte sie mir, sie müsste mir jetzt die Strümpfe auch anlegen, um festzustellen, ob sie nicht etwa schadhaft wären. Der Dottore, ihr Onkel war ausgegangen, um seine Messe zu lesen. Als sie dabei war, mir die Strümpfe überzuziehen, meinte sie, ich hätte schmutzige Schenkel. Unverzüglich machte sie sich daran, sie mir zu waschen, ohne mich um Erlaubnis zu fragen. Ich schämte mich dafür, ihr gegenüber Scham zu zeigen, ahnte aber nicht, dass das, was da kommen würde, kommen musste: Bettina, sie saß auf meinem Bette, trieb es zu weit in ihrem Fanatismus für die Reinlichkeit. Ihre Neugierde verursachte mir eine Wollust, die erst wieder abflaute, als es unmöglich war, sie noch weiter zu reizen.

Venexia: Sie verhüllt sich unter ihrem Weltruhm wie das Bildnis von Sais, unterm Schleier. Den Touristen zeigt sie sich in ihrer wohlfeilsten Verblendung, Plastik, am Stande gekauft am Campo Santo Stefano, zur Carnevals-Zeit: Fort mit dir, hinaus, lass' aber nur ja deine Börse da, bist du noch immer nicht weg, fort, sag' ich, ciao, ciao. Pietro Aretino, der Venexias Gunst erfahren hatte, drückt es so aus: »Ehrlich, ich habe mich nass gemacht, als ich da unlängst ein ganzes Boot voller Deutscher ins kalte Wasser fallen sah, als sie aus dem Gasthaus kamen!«

Dem Frischverliebten zuliebe hüllt sie sich in Brokat und Spitzen und versteckt ihr Antlitz hinter den goldenen Zügen der Aphrodite.

Der Adept aber, dem es nicht nach platonischer Maskerade gelüstet, sondern nach dem fleischlichen Beschluss, den würdigt Venexia, ihr die Maske abzunehmen, ihre Robe aufzunesteln. Die Dauer eines Blitzschlages lang, nackt, von Moschus träufelnd, nach Myrrhe duftend, offenbart sie sich. Ohnmacht, tiefe Ohnmacht und nach dem Aufwachen lebenslanger Wahn des Adepten ist die Folge. Und am Ende? Venexia versteckt sich unterm Carnevals-Kleid wie unterm Fleisch das Gebein.

Der Offenbarung im Cimitero ging eine lebenslange Affäre mit Venexia voraus: 261-mal bist du vor ihrer Schwelle gelegen, 1219-mal hast du in ihrem Himmelbett geschlummert. 261-mal bist du, den kleinen Tod im Herzen und unter der Schädelkalotte von dannen gefahren, auf der Brücke Richtung Mestre; jede Bahnschwelle, die der Zug passierte, ein raffiniertes Folterinstrument, auf der Autostrada jedes Verkehrsschild ein Wegweiser in die Verbannung: Ciao, Venexia, ciao, ciao.

Zumindest den letzten Atemzug möchtest du dereinst im Dunst über der Lagune aufgehen lassen. Möge das letzte Geräusch auf Erden das Klatschen der schwarzgrünen Gondelbäuche ins grüne Wasser sein: platsch, schnalz, prack …

In deiner letzten Nacht möge die Maragona vom Campanile wummern, dein letzter Blick hinausgehen über die Laguna Morta zu den Lichterln in den roten Plastikbechern, dort über den Appartements von San Michele: Deine Litanei, seit einem halben Jahrhundert mit Inbrunst gebetet, wenn der Zug die Kanonen an der Brücke passierte, wenn die Welt dir erschien, wie ein einziges, tristes Mestre.

Der respektlose Spötter und Pornograph Pietro Aretino, vom Papste und vom Kaiser (Karl V.) höchstbezahlter und mit Ehren überhäufter Wahlvenezianer (er verstarb wunschgemäß in Venedig, als er sich, vor Lachen prustend, an einer Fischgräte verschluckte) wusste, was es bedeutet, Venexia hörig zu sein.

Wäre das alte Paradies Venedig gewesen, so hätte Eva ihren Adam niemals mit einer solchen Lappalie herauslocken können. Alles, was es dort gab, waren Feigen, Melonen, Trauben – Aber was gibt es doch in Venedig für Dinge! Wenn ich einmal sterben werde, möchte ich, dass Gott eine Gondel aus mir macht – oder, falls das zu unbescheiden ist, die Bank, das Ruder, einen Nagel, einen Putzlappen der Gondel – oder einen Besen, mit dem sie ausgekehrt wird! Selbst ein Schwamm, mit dem die Gondel gewaschen wird, möchte ich sein (würde gar nicht so schlecht zu mir passen!!!) – alles, nur um Venedig nicht verlassen zu müssen – letzten Endes vielleicht sogar ein Kupferpfennig. Mit dem man die Überfahrt bezahlt!
Und ich würde mich wie ein Engel im Himmel fühlen – selbst, wenn ich eine dieser Ratten im Markthaus wäre. Ich würde mit keinem Papst im Paradies tauschen (falls es im Paradies Päpste geben sollte, woran ich mir zu zweifeln erlaube), wenn ich eine der Stufen zum Campanile auf dem Markusplatz sein könnte!
Warum? Weil Venedig ewiger oder, um nicht zu übertreiben, genauso ewig wie die Welt ist – und weil es Zuflucht, Trost und Entzücken aller Menschen ist. Wer Venedig freiwillig verlässt, erinnert mich an eines jener Tiere, die sich weigerten, mit in die Arche zu kommen, als die Sintflut drohte.

Epiphanie

Ich steig' ans Land, nicht ohne Furcht und Zagen,
Da glänzt der Markusplatz im Licht der Sonne,
Soll ich ihn wirklich zu betreten wagen?

August Graf Platen-Hallermünde

Du hast zeitig in der Früh' aufstehen müssen, an diesem Julitag 1956, im Blockhaus der Familie Windbichler am Semmering. Es hieß in die klamme Kirche gehen, denn der Pater Rudolf (Orden der Passionisten, schwarzer Ledergürtel um den Leib. Passion kann man nicht ohne Grund mit Leidenschaft übersetzen ...) stand bereit, uns den Reisesegen zu erteilen. Was er da für eine Leidenschaft gesegnet hat, wird er nie erfahren haben.

Unten zischten, dampften, qualmten die schwarzen Lokomotiven, brausten Züge aus dem Tunnel heraus, und hinein. Den ganzen Tag lang in Qualm und im Takt tatatata tatatata bis zur Grenze. Beim Umsteigen in Tarvisio Centrale (du interessiertest dich für die italienische Elektrolok) werden die Koffer visitiert, ein Zöllner macht ein Kreidekreuz über jedes Gepäcksstück. Papa hatte am Bahnsteig einen Fiascone Chianti erworben, den heißt es leeren bis an die Ufer des Acheron. Erschreckend die Felsen im Tale der Fella, die giftgrün, weiß gischtend über weiße Wackersteine schießt.

Bei Udine hängt die Sonne, gelb wie eine Zuckermelone, schon tief im Westen. Die Coupéfenster stehen offen, der Chor der Zikaden übertönt den Fahrtwind.

Mestre, graue Betonbrücke über dem Bahnhof. Es kam seit damals darauf an, von welcher Seite du sie erblicktest: Vom Norden kommend eine gesalbte Pforte zu Venexias Mysterien, in der Gegenrichtung Wegweiser in die heilloseste Verbannung.

Wie dir Venexia erschien? Zunächst im Abglanz der sinkenden Sonne in Gestalt der grünen Kuppel von San Simeone Piccolo überm Canal Grande, gegenüber vom Bahnhof. Die schwarzgrünen Gondelbäuche waren, platsch, schnalz, prack, im Liebesspiel (noch hattest du von dergleichen keinerlei Ahnung, aber der Rhythmus, der Rhythmus ...) mit dem grünen Wasser begriffen. Der Vaporetto fuhr damals noch die Abkürzungsroute, die gegenüber der Ca' Mocenigo wieder in den Canal Grande mündet. Santa Maria della Salute in sanftes weißes Licht getaucht, die orangefarbenen Lichter auf den Bojen im Bacino San Marco, die Piazzetta, das erahnte Boudoir im Dogenpalast. Du verschweigst den Rest. Den Würdigeren lässt du an deiner statt sprechen.

Giacomo Casanova war ein behindertes Kind. Kaum, dass er sprechen konnte, als er acht Jahre alt war. Regte ihn irgend etwas auf, überfiel ihn fast unstillbares Nasenbluten. Die erste Kindheitserinnerung, die später, als er in Dux seine Memoiren schreibt, in ihm aufsteigen wird, hat etwas mit den katastrophalen Blutstürzen durch die Nase zu tun:

> Ich stand in der Ecke eines Zimmers, zur Wand gebeugt, hielt meinen Kopf und betrachtete das Blut, das im Schwall aus meiner Nase floss und zu Boden rann ...

Seine Mutter ist auf Tournee, die Großmutter kümmert sich um das todkranke Kind. Sie beschließt, weil kein Dottore und kein Apotheker zu helfen imstande war, den Knaben in extremis zu einer Zauberin nach Murano zu bringen:

> Da saß ein altes Weib auf einem Fetzenbett, im Arm hielt sie eine schwarze Katze, fünf oder sechs Katzen strichen herum. Eine Hexe. Die beiden alten Frauen sprachen lange auf Furlanisch miteinander.

Giacomo wird in eine sargähnliche Truhe gesperrt, er hört Schreie, Singen und Schläge auf sein Gefängnis. Dann holt ihn die Hexe heraus, entkleidet ihn, überschüttet ihn mit Zärtlichkeiten, gibt ihm Bonbons, räuchert ihn mit duftenden Kräutern. Das Bluten hat ein Ende aber:

> ... andrerseits drohte sie mir, ich würde völlig ausbluten und sterben, sollte ich es wagen, irgendjemandem ihre Geheimnisse auszuplaudern. Nachdem sie mir das nachdrücklich eingeschärft hatte, verkündete sie mir, in der kommenden Nacht würde mir eine liebliche Dame erscheinen, von ihr würde mein künftiges Glück abhängen, aber ich dürfte niemand etwas von dem Besuch erzählen.

Kaum im Bett, fiel ich in Schlaf, ohne noch an den schönen Besuch zu denken, den ich erhalten sollte; als ich aber ein paar Stunden später erwachte, sah ich, oder zumindest glaubte ich zu sehen, wie eine wunderschöne Frau, in weiter Crinoline und in kostbarste Stoffe gehüllt, vom Kamin herabstieg. Auf ihrem Haupte trug sie eine mit Edelsteinen übersäte Krone, aus denen Funken zu sprühen schienen. Langsam und voll Majestät und mit lieblicher Miene trat sie näher und setzte sich auf mein Bett. Sie zog eine Kassette aus einer Tasche, entleerte sie über meinem Kopf, indem sie magische Formeln murmelte. Sie hielt mir dann noch eine lange Rede, ich verstand nichts davon, und verschwand, so wie sie gekommen war.

Saß Venexia auf auch deinem Bett in der Pensione Dolomiti, Calle Priuli, gleich links vom Bahnhof, als dir die Augen zufielen, nach ihrer offiziellen Offenbarung auf der Piazza San Marco? War sie dein majestätischer Succubus? Hat sie dich besprochen? Mit ihrem Zauberpulver süchtig gemacht?

Zwei Wochen später, August 1956, Lido. 15 Uhr. Der Zug Richtung Mestre, Richtung Verbannung, sollte um 6 Uhr abends abfahren, die Platzkarten waren reserviert. Da liefest du, nach dem Duschen, schon abfrottiert und getrocknet, noch einmal, wie von Sinnen, ins Meer hinein, beschmiertest dich über und über mit Schlamm, wälztest dich im heißen, knochentrockenen Sand bis du, liegend, ausgesehen hast, wie ein Terrakottasarkophag. Die Verzögerung aber war durch die angeordneten Waschungen nicht mehr einzuholen. Um 10 Uhr nachts (vier Stunden gewonnen!) aber

Du stehst, mit schmerzenden Beinen im Traghetto nach Santa Maria del Giglio. In der Mitte des Canal Grande dreht sich die Gondel, als zöge da unten ein Malstrom.

»Ich schaute von Venedigs Seufzerbogen,
Ein Kerker, ein Palast zu jeder Hand ...«
Lord Byron

Haben Sie je die Katzen in den Giardini Reali beobachtet, wenn sie regungslos vor einem Mauseloch auf der Lauer liegen? Die reinsten Markuslöwen: Wenn ihr danach zumute ist, wenn sie der Laune des Augenblicks nicht widersteht, spielt Venexia mit ihren Liebhabern Katz' und Maus.

saßest du, den Tod im Herzen, auf den Stufen, die vom Bahnhofsvorplatz zum Canal hinunterführen. Die Bäuche der Gondeln klatschen rhythmisch ins Wasser, grün darüber die Kuppel von San Simeone Piccolo, es singen die Gondolieri, Olivenöl in den Kehlen »Santa Lucia ...«

Du weintest bitterlich, verzweifelt, zornig. Es vermochte dich niemand zu trösten.

Die chinesische Dschunke

Die Antiquitäten-Boutique Venezia-Oriente (Frezzeria). In kleineren, diskret beleuchteten Vitrinen elfenbeinerne Handschmeichler, Liebespaare, welche sich interessanten akrobatischen Experimenten (entsprechend der populären tibetischen Yoga-Übung Yab-Yum) widmen. In größeren Vitrinen kaiserliche Minister und Hofdamen aus Terrakotta und Porzellan, diverse Drachen. Auf Podesten meditieren 49 Boddhisatvas. Ganz hinten, versteckt und vom Licht der Spots kaum mehr erreicht, eine Vase aus dickem Bambusrohr, als Relief hineingeschnitzt eine Dschunke, auf welcher ein greiser Mandarin mit leichter Hand das Steuerruder führt. Von irgendwoher (Sinnestäuschung?) vermeint man das Orchester des Caffè Quadri zu vernehmen (ein Klavier, zwei Violinen, ein Bass, ein Akkordeon): Puccini, »Turandot«. Man könnte auch auf Franz Lehàr zurückgreifen, »Land des Lächelns«. Vor den Augen des Betrachters rollt die Zeit nach rückwärts ab: Wo ist die Vase vorher gestanden? Auf welchem Schiff wurde sie in den Okzident verfrachtet? Wo war ihr Platz im Hause des Mandarins, ihres ursprünglichen Besitzers? Warum hat dieser sich in der Vase verewigen lassen?
Schnitt: Marco Polo auf einer gondelartigen Dschunke, auf dem Kaiserkanal. Das Boot wird von seinem Besitzer, dem Mandarin, mit leichter Hand gesteuert.

Mandarin: Die Mitte befindet sich demnach, wenn ich es wage, Ihre hochbedeutende Meinung zu interpretieren, im Osten Ihrer bezaubernden Heimatstadt, die, wie Sie sagen, im Wasser steht. Also liegt die Mitte hier. Denn noch weiter im Osten gibt es nur noch das große Meer. Und deshalb sind Sie, folgerichtig, ins Reich der Mitte gereist: um die Mitte zu finden. Ein weiser Entschluss. Haben Sie die Mitte gefunden?

Marco Polo: Wir haben sie allerdings noch nicht gefunden. Wir müssen noch weiter suchen. Unser Oberbonze in Rom hat uns einen Brief mitgegeben, Adressat: der geheimnisvolle Priester Johannes. Nun geht es aber, wie Sie anzudeuten geruhten, von hier aus nicht mehr weiter.

Mandarin: Nichts als Wasser. Einige für Sterbliche unzugängliche Inseln, wo die Unsterblichen wohnen. Ich würde Ihnen aber nicht raten, hinüber zu fahren. Unsterblich wird einer schneller, als er glaubt. Und dann hat seine Suche ein Ende; Ihr Brief bliebe unbestellt.

Marco Polo: Unser Oberbonze hat keine Adresse auf's Kuvert geschrieben.

Mandarin: Schade! Hat er die Adresse nicht gekannt?

Marco Polo: Unser Oberbonze kennt alle Adressen. Oben und unten. Er hat nur vergessen. Der Doge, der Wang von Venedig, wie Sie sagen würden, hat herzlich gelacht, als er den Brief in seinen

Händen wog. Keine Adresse, keine Zustellung. »Er wird das Reich der Mitte gemeint haben«, meinte er. »Fahrt also mit San Marcos Segen und erkundigt Euch, während Ihr nach dem Adressaten des Briefes sucht, über Folgendes: die Handelsrouten von Syrien nach Persien. Von Persien nach Afghanistan. Über den Karakorum. Den Preis eines Ballens Seide. Die Befestigungsanlagen an der Grenze zum Reich des Großkhan. Die Bestechlichkeit der Zollbeamten. Die Möglichkeit, Venedigs Ruhm nach Osten zu tragen und das Gold des Ostens nach Venedig. Die Anzahl der Kurtisanen im Palaste des Großkhan. Und, vor allem: die Bankverbindungen …«

Mandarin: Vergessen, die Adresse auf's Kuvert zu schreiben … Hat es Euer verehrungswürdigster Oberbonze an Aufmerksamkeit mangeln lassen?

Marco Polo: Lassen wir's, sonst komme ich noch auf die Pflicht zurück, Sie missionieren zu müssen.

Mandarin: Unterstehen Sie sich! An einem so schönen Herbsttag. Die goldenen Blätter fallen von den Bäumen, treiben im jadegrünen Kanal. Die Chrysanthemen …

Marco Polo: Die Chrysanthemen riechen mir zu bitter.

Mandarin: Sie werden schon noch auf den Geschmack kommen. Bitter ist süß.
Eine Tasse vom Pflaumenwein?

Marco Polo: Noch eine Tasse? Wollen Sie mich ins Reich der Unsterblichen entführen?

Mandarin: Tantra Ergo …

Marco Polo: Ein Mysterium ganz anderer, halb zur Staubwelt gehörender Natur beschäftigt mich: Wir haben Würmer aus Teig gegessen, vorher, in der Taverne, Krabbensauce war drüber gegossen, mit Knoblauch versetzt. Wie stellt der Koch diese Würmer her?

Mandarin: Es gibt allerdings Geheimnisse, deren Enthüllung einen Fremden, einen weißen Teufel, eine Langnase, was nicht geringschätzig gemeint sein soll, den Kopf kostet. Spionage in essentiellen Dingen, heißt das in unserem Gesetz. Der letzte Verbrecher, der sich dergleichen hat zuschulden kommen lassen, ist lebendig geschunden worden.

Marco Polo: Ein garstiges Verfahren. Wir in Venedig setzen lieber auf die stumme Allgewalt des Wassers. Kein Geschrei, Diskretion. Aber warum hat man dem weißen Nudel-Verräter eigentlich die Haut abgezogen?

Mandarin: Der Untersuchungsrichter wollte sicher gehen: Was befindet sich unter der Haut eines weißen Teufels? Ist da überhaupt ein menschliches Wesen vorhanden? Vor allem aber stellte er sich die Frage: Hatte sich der Verbrecher das Rezept der Nudel irgendwo zwischen Haut und Fleisch eingenäht?

Marco Polo: Und das Ergebnis dieser, Sie müssen zugeben, aber schon sehr pedantischen Inquisition?

Mandarin: Im Wesentlichen hat er nichts gefunden. Nichts. Also noch einmal und im Vertrauen: Ich würde es nicht riskieren, dass man mich auf eine dermaßen anstößige Weise demaskierte. Wegen einer Nudel? Zahlt sich das aus?

Marco Polo: Wir sollten uns dem Problem der Nudel, wie Sie die Teigwürmer nennen, anders nähern. Ihrer Meinung nach befindet sich doch, entsprechend der Lehren des Lao-tse, die Mitte von hier aus gesehen, im Westen?

Mandarin: Sehr richtig, Lao-tse hat, auf seinem Wasserbüffel reitend, im Westen die Grenze überschritten. Und Boddhidharma ist aus dem Westen zu uns gekommen.

Marco Polo: Wir sind gleichfalls auf unseren Trampeltieren über den Pass gezogen. Eine Wüstenei, nichts zu finden, als Nichts.

Mandarin: Das wäre immerhin etwas. Boddhidharma hat offenbar recht gehabt, als er dem Sohn des Himmels das Welträtsel stellte und gleich die Antwort mitlieferte.

Marco Polo: Sie machen mich neugierig.

Mandarin: Auf die Antwort? Sie lautete: »Grenzenlose Weite, nichts von heilig«.

Marco Polo: Unser Oberbonze würde seine Stirne runzeln.

Mandarin: Der Himmelssohn hat sie ebenfalls gerunzelt und nichts begriffen. Und das war damals kein mongolischer Khan, der sich Schnaps aus Pferdeaas brauen lässt, kein Barbar.

Marco Polo: Eine Schale Pflaumenwein?

Mandarin: Tantra ergo.

Marco Polo: Ich werde mir den Satz merken, ihn überdenken, wenn ich längst in meine Wasserstadt heimgekommen sein werde. Zu meiner Venexia. Wie sagte er doch? »Grenzenlose Weite. Nichts von heilig«. Und wann hat Boddhidharma den Satz ausgesprochen?

Mandarin: So vor 700 Jahren. Wer weiß.

Marco Polo: Es könnte just der Tag gewesen sein, an dem Venedig begründet wurde. Auf der Insel Malamocco. Wir werden den Satz auf Pergament schreiben lassen. Aber, wohlverstanden, die Nudel wird mitreisen müssen. »Grenzenlose Weite, nichts von heilig«: Das gilt auch für kaiserliche Edikte, sogar fürs Exportverbot für Nudeln.

Mandarin: Wenn Sie ein solches Niveau der Meditation erreicht haben, dann kann Ihnen nicht einmal der Sohn des Himmels etwas anhaben. Ich warne Sie allerdings vor der kaprizierten Prinzessin Turandot, die kennt in keinerlei Belangen auch nur die geringste Gnade. 999 Freier sind schon über die Klingen ihrer Eunuchen gesprungen.

Marco Polo: Grauenhaft. Klingen der Eunuchen? Aber doch nicht wegen Nudeln?

Mandarin: Doch: Ausschließlich wegen der Nudel. Nicht einmal wegen des Verrates allein. Schon wegen eines mangelhaften Rezeptes, das sie ausprobieren wollten, wegen der Zubereitung. Sie müssen wissen, bei der Nudel kommt es auf die Konsistenz an. Sie darf nicht zu rigide sein und lätschig erst recht nicht.

Marco Polo: Was würden Sie zum Ausdruck »All'dente« sagen? Bissfest und doch geschmeidig.

Mandarin: Damit könnten Sie die Prinzessin Turandot möglicherweise überzeugen. Also, wenn Sie Wert auf ihrer Durchlaucht Gunst legen: Üben, mein Herr üben. Sie wären der 1000. Bewerber.

Marco Polo: Schmeichelhaftes Angebot, der Prinzessin Turandot nach 999 Versuchen zu demonstrieren, was all'dente bedeutet. Aber ich habe Venexia die Treue geschworen. Und diese würde es mich schön büßen lassen, zeigte ich der Prinzessin Turandot …

Mandarin: Sie würde es doch nie erfahren …

Marco Polo: Sie würde. Unser Geheimdienst weiß alles. Wir sind Venexia auf Gnad' und Ungnad' ausgeliefert. Fazit: die Nudel fährt mit, und ich werde sie Venexia vor die Füße legen.

Mandarin: Ich sehe mit Hochachtung und Vergnügen voraus, dass Ihresgleichen, also die weißen, langnasigen Teufel in Ihrer Wasserstadt noch in 1000 Jahren die geraubten Nudeln verzehren werden. Was haben Ihre Mitbürger nicht Ihrer Kühnheit zu danken! Was halten Sie, wenn wir uns schon so weit über die Grenzen des Schicklichen hinausgewagt haben, von den kleinen Taschenmuscheln, aus denen sich ein himmlischer Saft zubereiten lässt? Mit einer Zehe Knoblauch, so zart und weiß, als wäre sie vom Lilienfüßchen einer kaiserlichen Palastdame amputiert worden.

Marco Polo: Es lebe die internationale Solidarität. Exzellenz haben soeben geruht, Spaghetti alle vongole zu erfinden. Venexia, Doge, Dogaressa, Senat und alle sechs Sestrieri werden das ihrem Wohltäter in Ewigkeit nicht vergessen. Noch eine Schale Pflaumenwein?

Mandarin: Tantra ergo!

Schnitt: Die Bambusvase im Vordergrund. Darauf die Dschunke mit dem alten Herren im Heck. Wo ist Marco Polo hingekommen? Wo hat er seine Nudel versteckt? Wo das Rezept? Ist er der Grenzpolizei und den Zollbeamten entwischt? Was sagt der Mandarin? Woher kommt die Stimme, die dir die bangen Fragen beantwortet?

Stimme: Marco Polo ist schon wieder abgereist. Er macht Yab Yum mit Venexia.

Frage: Wie soll man das schicklich ausdrücken? Eh', fa l'amore. Und in den Zwischenakten, in den Pausen, archivieren die beiden Smaragde und Diamanten, Türkise, Seidenballen, Goldgeschirr, Pfeffersäcke, Räucherwerk und Parfums, die er Venexia als Andenken aus dem Reich der Mitte mitgebracht hat. Nicht zu reden von den Säcken, prall gefüllt mit Zecchinen.

In Venedig sieden die Makkaroni und die Spaghetti und die Penne in 10.000 Kochtöpfen, Seppie, Vongole und Langusten wälzen sich wollüstig im Sugo.

Frage: Und der Spruch des Boddhidharma? Hat den Venedig vergessen?

Stimme: Keineswegs: Er ist zum Gesetz geworden, vom Bahnhof Santa Lucia bis zur Dogana. Die schönsten Fassaden des Kosmos. Dahinter aber: nichts von heilig.

Das Orchester des Quadri (die Verkäuferin muss eine CD eingelegt haben), spielt con passione: »nessun dorma, nessun dorma«. Turandot, nach dem Text des venezianischen Grafen Gozzi von Puccini komponiert. Gozzi allerdings war Stammgast des Caffè Florian gegenüber gewesen. Venexia, in der Maske einer chinesischen Prinzessin, schwebt über die Piazza. Soeben hat sie nachgerechnet. 999 vernaschte Liebhaber hat sie massakrieren lassen. Den einen hat sie verschont: Marco Polo, er hat ihr die Treue gehalten und die Ur-Nudel vor die Lilienfüße gelegt.

Letztes Gebet eines Dogen an Venexia

»Unser Venedig ist die durchlauchte Herrscherin der Welt. Oh Serenissima! Wir haben ein Handelskapital von zehn Millionen Golddukaten im Umlauf. Unser Export bringt uns im Jahr vier, unser Import zwei Millionen ein. Unser Grundbesitz beläuft sich auf einen Gegenwert von sieben Millionen, verzinst mit acht Prozent. Wir haben eine Flotte von 3.300 Schiffen und beschäftigen in unseren Arsenalen 20.000 Arbeiter. Wir sind die Herrscher über sämtliches Gold der Christenheit ...«

Tommaso Mocenigos letzte Worte; er verschied 1423.

Dialog über die Hörigkeit

Ich schaute von Venedigs Seufzerbogen,
Ein Kerker, ein Palast zu jeder Hand ...
Lord Byron

Wahrlich, der Tag, an dem etwas Neues über Venedig zu berichten wäre, der wäre ein trauriger Tag im Weltgeschehen!
Henry James

Februar. Der Vaporetto ist im kompakten Nebel, der vom Bacino di San Marco aufsteigt, wie in einer Kammer aus Blei gefangen. Auf dem Tronchetto, wo du das Auto abgestellt hast, lachte noch, blödsinnige Redensart, die Sonne. Vor der Sacca Fisola zogen die ersten Schwaden aus dem bleigrauen Wasser empor. Die Billa-Filiale auf den Zattere verschwamm ins schon nicht mehr Wirtschaftliche; kaum mehr erahnbar die Redentore-Kirche (das erhabenste Bauwerk des Universums.)

Dann San Giorgio und: stopp. Der Radar kreist über der Kabine. Langsam, unendlich langsam, treibt das Boot in der Dünung in Richtung Riva degli Schiavoni. Die Passagierin unter der goldenen Maske redet dich an, als kenntest du sie (du kennst sie) seit Ewigkeiten.

Maske: Das verwundert Sie, wie ich merke. Ich wittere Sorge bei Ihnen. Man riecht das. Venedigs Katzentiere haben feinste

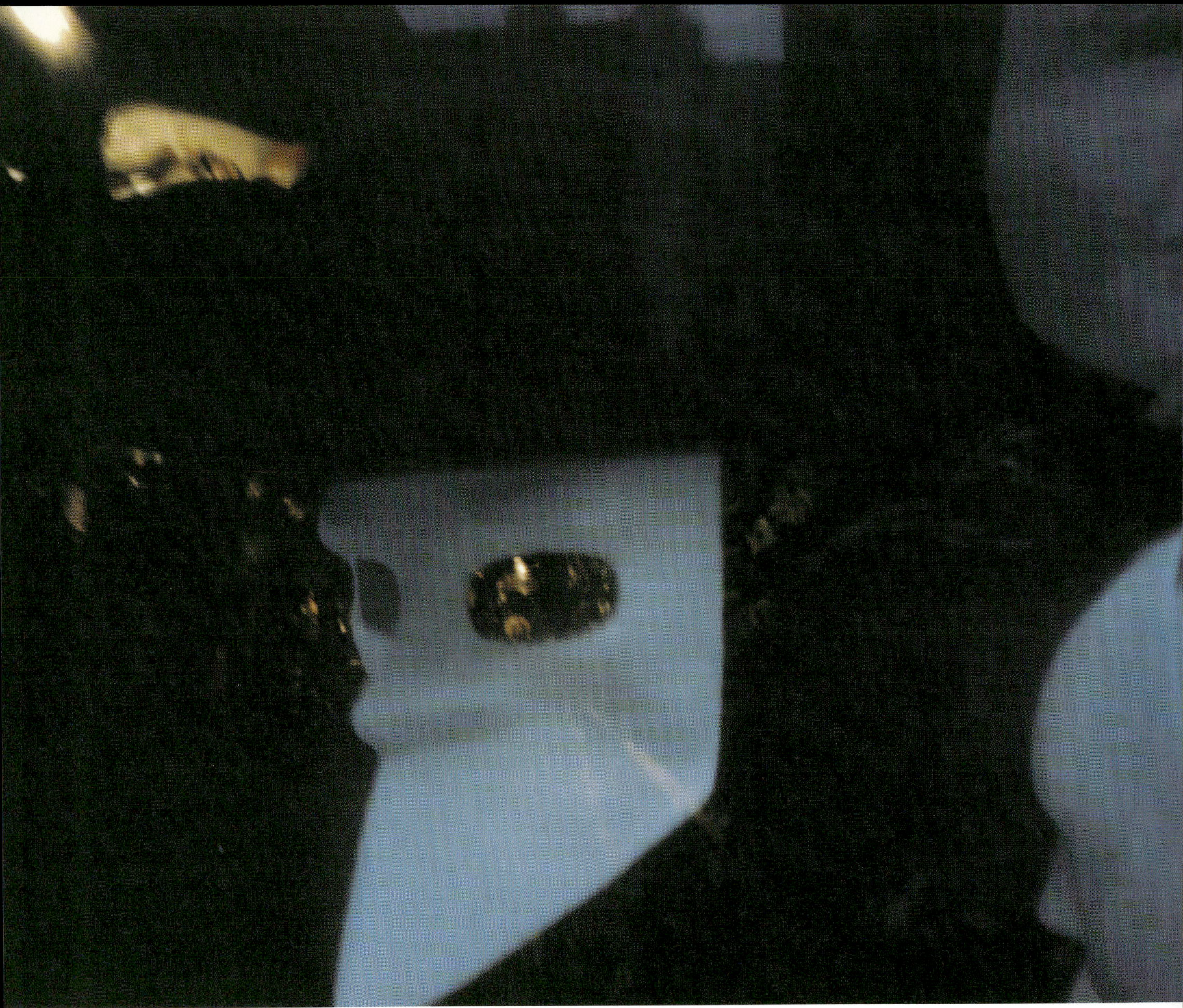

Geben Sie sich keine Mühe, Ihre geheimsten Gedanken zu maskieren. Vor der Serenissima und ihrer Inquisition gilt keine Maske.

Die Launen einer Diva sind ihrer Verehrer Gesetz. Wer Venexia in die Hände fällt, der ist ihr in die Hände gefallen. Auf Gnad' und Ungnad'.

Nasen. Die Venezianer ebenso. Ist auch selbstredend kein Wunder. Da ist er, kaum sichtbar bei dem Nebel, aber sehr real, der Dogenpalast. Ein Teppich seine zwei Fassaden, mit Spitzenfransen. Drin wohnt Ihre Venexia in Marmor und in Gold. Oder sind Sie etwa nicht vor vier Stunden im bestialisch kalten Norden, also hinter Pontebba ins Auto gestiegen, um Venexia rechtzeitig beim Lever zu beobachten? Die besten Designer haben mit Hingabe für sie gearbeitet, Tintoretto malte ihr das Boudoir aus. Eine königliche Wohnung, aber, was für eine republikanische Wohltat, ohne König. Ich sehe, Sie schauen schon zu der koketten Marmorbrücke hinauf, die aus dem genannten Boudoir, eins, zwei, drei ins Staatsgefängnis hinüber führt. Geben Sie sich keine Mühe, Ihre geheimsten Gedanken zu maskieren. Vor der Serenissima und ihrer Inquisition gilt keine Maske. Schauen Sie ihn sich nur ganz genau an, prägen Sie sich die noble Architektur ein: Palazzo dei Prigioni. Immerhin, ein Palazzo. Wenn Sie die Radierungen des guten Piranesi kennen, er war ein fabelhafter Graphiker aus unserer Kolonie Piran, dann haben Sie eine Ahnung von dem, was »Palazzo« im Zusammenhang mit »Prigione« bedeutet. Haben Sie ihn schon betreten? Ja natürlich. Wenn nicht in diesem Leben, dann früher einmal. Jeder hat das durchgemacht. Und ein Teil von Ihnen, wie von jedem, der jemals Venedigs Boden betreten hat, ist drinnen geblieben. Irgendwie angekettet an einer der grünen Mauern. Nicht mit Eisenketten, oh nein. Es gibt subtilere Bande. Um es zusammen zu fassen: Es ist Ihnen bewusst, was es mit den Pozzi auf sich hat. Bei Wippflut stehen nur die Füße des Bewohners im Wasser, bei normaler Flut kann es wohl bis an die Knie gehen. Aber bei acqua alta? Ohimé, il Povero. Wieviel Raum bleibt denn da zwischen Nase und Gewölbe? Ein unzuträglicher Aufenthaltsort, was das körperliche und seelische Wohlergehen eines Inhaftierten betrifft.

Der Passagier: Sie gehen nicht freundlich mit Ihrer Heimatstadt um: und das mitten im Carneval!

Die Maske: Und Sie? Sie sind blind vor Verehrung. Bedenken Sie doch, Ihre Beziehung, jede Beziehung zu Venexia kann gegebenenfalls letal ausgehen. Ja wissen Sie das nicht? Sie wissen es. Der Fall Konstantinopel ist da ein Modell für die Zukunft geblieben. Konstantinopel warb um Venexias Zuneigung. Damals war sie, nach Menschenaltern gerechnet, ein rolliger Teenager. Theoretisch war der griechische Kaiser Venedigs eigentlicher Souverän. Aber er ahnte, dass Venexia dergleichen nicht ernst nimmt. Also: Werbung um die unnahbare Nichte, die adriatische Lolita. Solange, bis Venexia das kindische Spiel satt hatte. Laune eines Nachmittags, Einfluß des Schirokko, Migräne, wer weiß? Venexia jedenfalls schickte den blinden, aber hörigen 90-jährigen Dogen Enrico Dandolo ans Goldene Horn, mit dem ganzen, frommen, beutelüsternen, intellektuell unbedarften, daher kinderleicht verführbaren, aber umso besser ausgerüsteten Personal des Vierten Kreuzzuges.

Enrico Dandolo, Venexia bedingungslos verfallen, sprang als erster von Bord und dann: Ohimé, povero Constantinopoli … Die vier Pferde überm Portal von San Marco (Originale im Museum, Ohimé), die Pala d'Oro in der Kirche sind noch das Mindeste, das er ihr von der Expedition mitgebracht hat. Der Vierte Kreuzzug: Soviele Juwelen, soviel chinesische Seide, soviel Brokat und türkischer Musselin, so viele Parfumflacons für Venexia. Kann man dem alten Herren böse dafür sein? Sie denken, das sei grausam. Sie haben Recht. Haben Sie je die Katzen in den Giardini Reali beobachtet, wenn sie regungslos vor einem Mauseloch auf der Lauer liegen? Die reinsten Markuslöwen: Wenn ihr danach zumute ist, wenn sie der Laune des Augenblicks nicht widersteht, spielt Venexia mit ihren Liebhabern Katz' und Maus.

Passagier: Aber der Löwe, der ist doch bloß ein heraldisches Symbol.

Die Maske: Stellen Sie sich nicht um soviel dümmer, als Sie sind. Der Name des Marcantonio Bragadin, der wird Ihnen wahrscheinlich etwas sagen. Auch kennen Sie, müssen Sie, keine Frage, das Grabmal in San Zanipolo, rechts vom Portal schon gesehen haben. Wissen wir doch, welchen magischen Kreis Sie ziehen, jedes Mal, wenn Sie in der Früh in Venedig ankommen. So wie heute. Zurück zum Grabmal: Ein schöner Epitaph, keine Frage. Aber ganz oben, haben Sie da den geschmackvollen Tafelaufsatz aus Marmor wahrgenommen, den die Familie Bragadin dort rangiert hat? Was heißt »geschmackvoll«? Die venezianischen Bildhauer haben ausschließlich exquisites Design geliefert. Sie haben etwas von Tischkultur verstanden.

Wissen Sie, was sich in dem Tafelaufsatz befindet? Ich will es Ihnen verraten: die Haut des Marcantonio Bragadin. Schön zusammengelegt. Es verschweigen die Archive, ob dieselbe vor der Beisetzung gebügelt worden ist. Denkbar ist es immerhin; die Republik war ein hochorganisiertes Staatswesen.

Wie der historische Balg in den Tafelaufsatz gekommen ist? Der Hergang wird Ihnen erklären, warum aus Venexias Boudoir eine Brücke hinüber ins Gefängnis führt (und eine steile Wendeltreppe hinauf zu den Bleikammern, direkt über ihrem Himmelbett). Sowie eine Tapetentür direkt in ihr Pfühl.

Marcantonio Bragadin also: Er war Kommandant von Famagosta, der letzten venezianischen Zitadelle auf Zypern, gewesen, vermutlich kein allzu fairer Offizier im Sinne der ungeschriebenen Konventionen zwischen Venedig und der Hohen Pforte, ganz im Gegenteil, schenkt man (vernünftigerweise) den türkischen Quellen Glauben, die behaupten, er hätte türkische Gefangene massakriert. Bis er dann belagert in Famagosta saß und zusehen musste, wie seine Soldaten auf das Patriotischeste (Evviva San Marco!) verhungerten. Als Venezianer war er realistisch, also verhandelte er die Übergabe der Festung. Die türkischen Unterhändler strichen ihre Schnurrbärte, lächelten verbindlichst und gewährten die allergroßzügigsten Konditionen. Das Kleingeschriebene unter dem Vertrag hatte Bragdadin zu lesen unterlassen. Sein Pech: Er nämlich war ausgenommen, was den freien Abzug betraf. Als die Tore Famagostas sich auftaten, haben die türkischen Offiziere den Kommandanten Bragadin unter Wahrung aller Regeln der Höflichkeit verhaftet und nach einem kurzen Mokka angeboten, Moslem zu werden (Beschneidung gratis inklusive, es ging also schon im Vorfeld um Haut, ohimé). Bragadin lehnte höflichst und in Hinblick auf Venexia ab. Worauf der türkische Feldhauptmann, wiederum verbindlich lächelnd, anordnete, Marcantonio Bragadin seiner Kleider zu entledigen. Der Befehl bezog sich leider nicht nur auf die Textilien, wohlgemerkt, sondern auch auf die Epidermis. Mit einem Wort: Bragadin wurde geblendet, ausgepeitscht und anschließend bei lebendigem Leibe gehäutet. Wie der Pestpatron San Rocco. (Die Scuola San Rocco sollten Sie sich wieder einmal anschauen, schön ausgemalt von Tintoretto.) Zurück zu Marcantonio. Nach der Häutung haben sie den Körper auf einen Schindanger geschmissen, die Haut aber stopften sie mit Stroh aus und befestigten die so gefertigte Puppe als Galionsfigur am Flaggschiff. Lustig Segel gesetzt und heim nach Konstantinopel!

Der Passagier: Und der Senat, wie hat der auf die Provokation regiert?

Die Maske: Venezianisch. Wir sind realistisch. Ein Volk, durchdrungen vom Glauben an die freie Marktwirtschaft. Siamo Veneziani, poi Christiani … Ein für den Warenaustausch beider Seiten günstiger Friedensschluss, ein paar Handelskonzessionen, und wir erhielten des seligen Bragadin Balg als Zuwaage. Dann hat ihr die Familie, sie gehört, ich bitte nachdrücklich um Respekt, zu den zwölf apostolischen Familien Venedigs, die einstens, im Dämmer der Spätantike –

Der Passagier: – Venedig begründet haben sollen.

Die Maske: Das tut gut. Die Familie errichtete ihm danach den Tafelaufsatz, um drin die Haut aufzubewahren, bis zum Jüngsten Tag. Venexia hat eine Schwäche für Liebhaber, denen bewusst ist, wie weit Aufopferung zu gehen hat. Sie selbst kommen ja von dort her, wo das schlechte Wetter wohnt …

Der Passagier: Österreich …

Die Maske: Das ist unter anderem, aber nur zum allergeringsten Teil auch amüsant. Aber wirklich nur unter anderem. Venexia wird Euch das in Äonen nicht vergessen, dass Ihr Freiherr von Uchatius anno 1849 den ersten Bombenangriff der Weltgeschichte ausgerechnet auf ihre Stadt durchgeführt hat, mittels Luftballons und daran befestigten Granaten. Inzwischen hat man dergleichen Unternehmungen ausgeweitet, ich weiß. Aber Venexia als Versuchskaninchen der Alpenkröpfe? Und die Brüder Bandiera? Und der Feschak (Ihr nennt das doch so, oder?) von einem Bomberpiloten, der 1917 aus Hetz' eine Fliegerbombe gerade vor das Portal von San Marco geschmissen hat. Sie war ein Blindgänger. Gottseidank gibt es solche dort, und ebenfalls nicht wenige, wo das schlechte Wetter wohnt. Bleibe es so. Es bleibt sowieso so, wie es ist. Evviva San Marco! Und das ist keine Redensart, ich warne Sie. Aber wir kennen, wir müssen das zugeben, auch klügere Österreicher. In der Nacht vom 5. auf den 6. September 1909 sind eurem Komponisten Alban Berg in einem Brief an seine Helene, genannt Pferscherl, soll eine natürliche Tochter Cecco Peppes gewesen sein, in Venedig folgende Sätze aus der Feder gelaufen:

> »Nun weiß ich wenigstens, dass ich nicht unheilbar krank bin, dass ich nur ein Opfer der todbringenden klimatischen Verhältnisse der österreichischen Alpenländer bin – dass es auf dieser Erde wirklich noch Luft gibt, die einzuatmen sich meine sensiblen Atmungsorgane nicht weigern, sondern die mich nie geahntes, längst vergessenes leibliches Wohlbefinden fühlen lässt.«

Immerhin, der so genannte Walzerkönig, Euer Johann Strauß, hat Venexias Charme durchaus vorteilhaft in Noten gesetzt, in seiner Operette »Nacht in Venedig«. Ich darf aus dem Libretto zitieren:

»Sei mir gegrüßt, du holdes Venezia,
Ich stehe träumend da,
Dir so nah'
Zur Liebe dich Natur erkor,
In deinen Mauern wohnt das Glück!
So mancher hier sein Herz verlor,
Bekam ein anderes dafür zurück!
Wir fliegen dir zu, wie Falter zum Licht.
Zur Stadt, die uns allen Liebe verspricht!
Mein Herz ruft dir zu:
O Königin du,
Sei mir gegrüßt, du holdes Venezia,
ich stehe träumend da,
Dir so nah!
Du holde Zauberin,
Spielst mit den Herzen,
so nimm sie dir!
Die Schmerzen
Sei'n dir verziehn!
Keiner kann dir entfliehn!
Die Menschen, sie flüstern dir zu,
Du holdes Venezia du!
Du Wunder dort im Weltenraum, sei mir gegrüßt,
Sei mir gegrüßt ...«

Das wäre, ohne Straußens Musik aber schon wirklich keine große Literatur, aber die beiden Herren Librettisten Camillo Zell und Richard Genée haben das Wesentliche schon irgendwie begriffen. So wie es vielleicht die allzu vielen unehrerbietigen Touristen begreifen, die schwerste finanzielle Nachteile erleiden, wenn sie aus Leichtsinn in der Hauptsaison ein »Menú turistico« bestellen. Poveri ... Recht geschieht ihnen, mit dem servierten (coperto!) toten Fisch, den eine jede Hafenkatze schroff zurückweisen würde, mit dem halben Erdapfel, dem toten Tiramisú und der dafür vor Vitalität nur so strotzenden Addizione. Wir waren aber bei den Librettisten des Johann Strauß. Vielleicht ist ihnen Venexia in einem feuchten Traum erschienen: Vielleicht hat sie den beiden und natürlich vor allem dem Walzerkönig als Succubus beigewohnt?

Und wenn das Orchester des Florian die Melodie herunterspielt, Klavier, Akkordeon, Geige, Bass und Klarinette, dann wären die Passanten in die Lage versetzt, das Mysterium Venexias zu ergründen. Wenn sie wollten. Aber sie wollen nicht. Die meisten Opfer Venexias gehen an ihrer eigenen Achtlosigkeit zu Grunde. Wie an der Kerzenflamme die Motten.

Der Passagier: Motten, Kerzenflamme, Flamme, Flammentod. Erinnert Sie das nicht an den schmerzlichen Fall Giordano Bruno?

Die Maske: Ja doch, wir wollen den unliebsamen Todesfall nicht leugnen. Da fragen Sie erst einmal im Vatikan nach, da fangen die fortschrittlichsten Theologen noch ihr Schnupftuch heraus und fangen an, sich verlegen zu schnäuzen, bis Ihnen die Lust am Weiterfragen vergangen ist. Giordano Bruno: Der genialische junge Mann ist Venexia zwischen die Krallen geraten, wir wissen nicht wie. Hatte er zuviel geredet? Hat er dem Senator Mocenigo beim Wein über Magie erzählt? Das Pech war, dass Venexia zu der Weltenstunde zufällig einmal nicht mit dem Papste über Kreuz war. Und so ward der genialische junge Mann, als Mitbringsel gewissermaßen, weitergereicht, direkt in die Büros der römischen Inquisition. Unsere war aufgeklärter, Venexia hatte das vergessen in ihrem momentanen Anfall von Höflichkeit, dem Heiligen Stuhl gegenüber. Und dort, in Rom, am Campo dei Fiori ist das Mitbringsel dann nach sieben Jahren Folter und Kerkerhaft auf offenem Feuer geröstet worden. Was uns wieder an den Falter der Strauß-Operette erinnert. Das Urteil wurde übrigens von jenem nachmaligen Kirchenlehrer und merkwürdigen Heiligen (Patron der Intellektuellen ...) unterfertigt, der zuvor schon die Anklageschrift auf das Spitzfindigste ausgearbeitet hatte. Sein Name gehört immer wieder zitiert, in saecula saeculorum: Robert Kardinal Bellarmin. Er war immerhin kein Venezianer. Um den Giordano Bruno aber ist es doch schade, im Nachhinein. Venexia hat einen ganzen Nachmittag keinen Konfekt zu sich nehmen mögen, den Zypernwein zurückgewiesen und dabei ihr Musselintüchlein nassgeweint. Nicht verzeihen hat sie dem Papste und seinem Grillmeister die Grillparty wollen. Sie soll ihnen eine Szene gemacht haben. Aufgestampft habe sie, so erzählen die ältesten Familien, vor dem apostolischen Nuntius, der Papst drohte mit dem Interdikt, am Ende siegte der Realismus. Aber dergleichen ist in den Archiven begraben.

Der Passagier: Wer mag dann mit Venexia leben?

Die Maske: Wem es aufgesetzt ist. Die Launen einer Diva sind ihrer Verehrer Gesetz. Wer Venexia in die Hände fällt, der ist ihr in die Hände gefallen. Auf Gnad' und Ungnad'. Wer ihren (stets letzten) Willen nicht respektieren will, der sollte auf kürzer aber lieber nicht auf lang sein Testament machen. Übrigens: Vorsicht, Touristen! Jene unter ihnen, die, ihren nackten Schmärbauch heraushängen lassend über die Piazza stampfen, mögen gewarnt sein. Dergleichen rächt sich. Früher oder später, aber es rächt sicht. Die ekelhaften Barbaren mögen sich auf die Rechnung für ihr elendigliches Menú turistico innerlich vorbereiten. Und Buße tun. Aber das hülfe ihnen auch nichts mehr …

Der Doge Marino Falier war immerhin intelligent genug gewesen, seine letztwilligen Verfügungen zu treffen, ehe er sich unterstand, Venexia in seine Gewalt bringen zu wollen. Seinen schönen Sarg hatte er schon bestellt. So realistisch hatte er die Lage schon eingeschätzt. Er brauchte ihn nur zu bald, diesen Sarg. Denn sein Logis im Dogenpalast war ihm augenblicklich gekündigt worden, als seine Verschwörung einmal ruchbar geworden war. Zwischen den beiden Porphyrsäulen, auf welchen Sankt Theodor (mit Krokodil) und der Löwe von San Marco (kam sein bronzener Körper aus China?) auf Venexias Unschuld aufpassen, ist Marino Faliers Leibesgestalt um die Länge seines Kopfes reduziert worden. Das Haupt haben sie ihm, wir halten auch in etwas auf gute Umgangsformen, zwischen die gespreizten Schenkel gelegt; war er doch zu Lebzeiten und folglich interimistisch bis zur Neuwahl, der Doge. Serenissimus. Im Saal des Großen Rates, wo die Porträts der Dogen zu bewundern sind, ist ein Platz mit einem aufgemalten schwarzen Handtuch verhängt. Drauf ist zu lesen:

HIC EST LOCUS MARINI FALIERI
DECAPITI PRO CRIMINIBUS

Sie sollten darin aber keinen unfreundlichen Akt sehen. Venexia hat Marino Falier ganz gerne gemocht. Wäre er gescheit genug gewesen, hätte er ihr jeden Morgen die Brokatpantoffel ans Bett gestellt, ihr den zyprischen Wein und Mandelmakronen serviert, anstatt auf Unterwerfung zu sinnen, er hätte ein Methusalem unter dem Dogenhorn werden können. Sie wissen, die brokatene, mit Adriaperlen besetzte Haube mit dem Horn …

Der Passagier: Die meisten Besucher halten einen Aufenthalt in Venedig für romantisch.

Da ist er, kaum sichtbar bei dem Nebel, aber sehr real, der Dogenpalast. Ein Teppich seine zwei Fassaden, mit Spitzenfransen. Drin wohnt Ihre Venexia in Marmor und in Gold.

Die Maske: Selber schuld. Es hat aber immer wieder einfühlsamere Touristen gegeben, die begriffen haben, dass Venexia keine Konzessionen zugesteht und widerwillig nur Pardon gewährt. Darf ich Ihnen, auswendig, ich hab es auswendig gelernt, weil die Passage zu berührend ist, aus dem im venezianischen Sinn feministischen Roman »Corinna« der Madame de Stael zitieren?

> »Wenn ein Staatsverbrecher verurteilt ward, so holte ihn des Nachts eine Gondel ab, von einem Türchen, das auf den Kanal hinaus ging, kam er heraus, wurde in eine gewisse Entfernung zur Stadt gebracht und an einer Stelle der Lagune ertränkt, wo das Fischen untersagt war ...«

Der Passagier: Und Casanova?

Die Maske: Der schöne Mann! Der Herkules! Er war doch der allerliebste Staatsgefangene überhaupt. Deshalb hat Venexia ihm auch direkt über ihrem Himmelbett (Sie sollten nicht verabsäumen die Pölster der Firma Bevilacqua, gleich hinter der Seufzerbrücke, zu besuchen, auf solchen pflegt Venexia ihre Siesta zu halten) seine allerdings bleigedeckte Unterkunft eingerichtet. In der Bleikammer, wenn Sie den unromantischen Ausdruck akzeptieren wollen. Die Geschichte mit den zwei Nonnen und dem Botschafter des allerchristlichen Königs von Frankreich und Navarra ist Ihnen ja bekannt. Manchmal, eher selten, sieht sich Venexia gezwungen, die Tugend zu beschützen. Selten, aber dann nachhaltigst.

Der Pasasagier: Die Tugend?

Die Maske: Ja, was haben Sie denn geglaubt? Wie hätte Venedig ohne Tugend überleben können? Ein Beispiel: Da ist einmal ein aufgeklärter, auch schon etwas, Herr aus England bei uns eingetroffen. Ein Ketzer. Aber das würde Venexia nicht weiter echauffieren, solang der Ketzer nicht unbefugt herumketzert in der mit weitestem Abstand frömmsten Stadt des Erdkreises. Dieser Ketzer also begab sich an einem Sonntagmorgen in Gesellschaft eines ebenso aufgeklärten, aber wohlgemerkt selbstverständlich katholischen Senators, eines Freundes, nach San Marco. Es könnte sich um Alvise Zorzi Baffo gehandelt haben, Sie kennen hoffentlich seine Sonette …

Die Szenerie wird Ihnen bekannt sein: Weihrauchwolken, 12-stimmige Chöre von den Emporen herab, Klerus in goldstarrenden Roben. Die Ministranten schwingen ihre Sistren, alles fällt verzückt auf die Knie. Der Ketzer bleibt stehen, lächelt schief, will Aufklärung verbreiten.

Da packt ihn der Senator und zwingt ihn, ein Schraubstock an Energie und staatsmännischer Weisheit, seinerseits in die Knie. Nach der Messe fragt der dermaßen katholisch Gemachte: »Aber Exzellenz sind doch ein Leser der Enzyklopädie, Sie haben das Vergnügen, Voltaire persönlich zu kennen, und wenn ich an die vergangene Nacht denke: Mit den süßen kleinen Fratzen und den nervös zitternden Austern und den Perlen in denselben. Nichts hatten die Mäderln an, als Rosenwasser ...«

Der Senator bekommt da ganz dünne Lippen:

»Mein Herr, das alles trifft zu, so wie Sie es sagen. Aber wer immer in San Marco nicht auf die Knie fällt, wenn die Glöckchen klingeln, der hat sein lächerliches, ich wiederhole nachdrücklich, sein lächerliches Leben verwirkt. Danken Sie mir und dem Sanctissimum, vor dem zu knien ich Sie veranlasst habe, dass ohnehin alles glimpflich ausgegangen ist. Wir befinden uns im Carneval. Eine zweite Blasphemie und die Langusten haben einen gedeckten Tisch. Assiette anglaise, wie man treffend sagt.«

Der Passagier: Aber der bedauernswerte Casanova hat sein Leben im Exil beschließen müssen. Warum hat Venexia ihm nicht Gnade erwiesen?

Die Maske: Was hat er sich nicht solidere Manieren zugelegt? Nicht, dass Venexia ihm ernstlich gezürnt hätte. Aber Ordnung muss sein. Siehe die englische Episode. In Dux hatte Giacomo ohnehin der interessanten Träume genug, sodass er in seiner Gebrechlichkeit vermeinen mochte, Venexia komme ihn jede Nacht besuchen, setzte sich im funkelnden Abendkleid auf sein Bett, nestelte ihr Mieder auf, höbe ihre Robe, auf dass er das Wesentliche schaue, überschüttete ihn mit Balsam etc., etc ...

Der Passagier: Was empfindet die Flamme, wenn die Motte in ihr aufzischt?

Die Maske: Liebevolle Neutralität. Genugtuung und Zärtlichkeit in einem. Wie ein venezianischer Kellner zur Hauptsaison seinen Gästen gegenüber, wenn er die Rechnung präsentiert. Die feinen Flügel der Motte sind gleich ganz und gar verschmort. Povero, ohimé. Im Normalfall ist Venexia nicht so streng wie in ihrer strengen Kammer neben dem Sitzungssaal des Rates der Drei in ihrem Dogenpalast. Ein komponierter Liebestod genügt ihr, allenfalls ein passabel zustande gebrachter Schlaganfall im Palazzo Vendramin. Dem Richard Wagner hat sie viel mehr durchgehen lassen, als der zweideutige Sachse verdient hätte. Povero tedesco. Wer sich nach dem »Tristan« mit seinen venezianischen Harmonien so tief erniedrigt, um den eigenen, grenzdebilen Text der »Meistersinger« zu komponieren, der ist ohnehin gestraft genug, wird Venexia sich überlegt haben. Zweitausend Reinkarnationen als Tubabläser beim Oktoberfest (orrore!) müssten genügen ... Immerhin, seine Cosima hat sich die Haare abgeschnitten und ihm die Locken in den Sarg gelegt. Eine beachtliche Geste, hatte doch Stil, die Tochter des Papa Liszt und der Gräfin d'Agoult, verehelichte Fürstin Bülow. Und lässt sich mit Mime ein, wenn ich es höflich ausdrücken soll. Sagen wollte ich Gartenzwerg. Für den Tristan hat ihm Venexia alles andere verziehen. Sie kann gnädig sein.

Serenissima … So wie Fritz Nietzsche, dem anderen Sachsen. Der unterstand sich doch tatsächlich, im »ecce homo« Zweifel an der Zuträglichkeit des Klimas in Venedig zu äußern. Kein wirkliches Vergehen, aber ein Fauxpas auf jeden Fall. Und zwar ein ernster. In Turin ist er dafür einem Droschkengaul um den Hals gefallen. Ich verrate Ihnen ein Geheimnis: Es soll eines der Rosse der Quadriga von San Marco gewesen sein. Venexia habe dem zuvor vorsorglich mit Irrsinn geschlagenen Fritz Nietzsche das Tier nachgeschickt, auf dass er Buße tue.
Und dann, halb umnachtet, halb wach, dichtete er im Zug, der ihn nach Naumburg zurückbrachte, das ergreifendste aller Lieder an Venexia:

»An der Brücke stand
Jüngst ich in brauner Nacht.
Fernher kam Gesang:
Goldener Tropfen quoll's
Über die zitternde Fläche weg.
Gondeln, Lichter, Musik –
Trunken schwamm's in die Dämmerung hinaus …

Meine Seel', ein Saitenspiel,
Sang sich, unsichtbar berührt,
Heimlich ein Gondellied dazu,
Zitternd vor bunter Seligkeit.
- Hört jemand ihr zu?

Worauf ihn Venexia freundlich und versöhnt in den Wahnsinn entließ.

Der Passagier: Was also verlangt sie, die Serenissima?

Die Maske: Totale Hingabe. Den Opfertod der Matrosen der Schlacht von Lepanto, den Schweiß der geadelten Arbeiter an den Glasöfen von Murano. Die Leidenschaft des Kommandanten Bragadin, die kalte Entschlossenheit der Brüder Bandiera. Die kniefällige Frömmigkeit des gebrechlichen Casanova. Aus solchen Wesen rekrutiert sie ihren Hoftstaat. Ist sie aber in Geberlaune, genügt ihr die letztwillige Verfügung, mittels welcher ein Liebhaber bestimmt, auf San Michele begraben sein zu wollen. Strawinsky hat sie an ihr Herz gedrückt und von Dhiagilew den rosa Ballettschuh einer kleinen Ballettratte als Tribut genommen. Marcel Proust liebte sie schon deshalb, weil er als Kind blind vor Begeisterung über die wellenartigen Buckel des Fußbodens von San Marco stolperte. Sie schenkte ihm Einsichten in die Allgegenwart aller Vergangenheiten. Er konnte das verwenden und in die »Recherche« ummünzen. Ihre Gnade erstreckte sich sogar auf den armen verwirrten Ezra Pound, der dem peinlichen Romagnolen Benito Mussolini (der war von Beruf Oberlehrer, ohimé, das hätte ihn warnen sollen), nachgestiegen ist. Ein würdeloser Anblick. Die US-Army hat den stoppelbärtigen Pound zur Kompensation in Pisa in einen Käfig sperren lassen. Armer Teufel:

einem heroischen Oberlehrer auf den Leim gehen! Aber Venexia hat ihm dann ein sozusagen ewiges Nachtquartier geboten. Ein venezianisches Asyl. Da ruhe er sanft.

Der Passagier: Und was hat Venexia mit Goethe verbunden?

Die Maske: Seine Genauigkeit in eroticis. Und damit sein Realismus, was die letzten Dinge betrifft. Er gehörte überdies zu den alten olympischen Göttern, nicht zu den Tedeschi. Für solche Wesen hat Venexia eine feine Witterung. Oder glauben Sie, dass einer, der das schreiben kann, nicht Gnade finden könnte vor ihrem Antlitz?

»Diese Gondel vergleich ich der Wiege,
Sie schaukelt gefällig
Und das Kästchen darauf
Scheint ein geräumiger Sarg.
Recht so! Zwischen der Wiege und dem Sarg
Wir schwanken und schweben
Auf dem großen Kanal
Sorglos durchs Leben dahin ...«

Wir sind da. Ihre Anlegestelle, Sie wollen zum Hotel Castello? Geradeaus, Calle degli Albanesi, Campo Santi Filippo è Giacomo, dann die Gasse links. Ciao, Bussi, Ciao. Und hüten Sie sich vor Venexias Rolligkeiten. Oder besser, hüten Sie sich nicht, wenn Sie nicht riskieren wollen, Ihr Leben vertan zu haben.

Unbewusst, höchste Lust

Denk' nach!
Ist niemals durch deinen Traum ein schwarzes Fahrzeug wie dieses geglitten?
Gerhart Hauptmann

Wieder einmal bist du, übernächtig, am Bahnhof Santa Lucia aus dem Pendlerzug Udine–Venezia gestiegen (dieser Zug ist, weil er die Arbeiter befördert und die Angestellten und die Schüler, verlässlicher, als der Express Wien–Venedig, der irgendwo in Friaul stecken zu bleiben pflegt). Du hast den langsameren, den gewissenhafteren Vaporetto Linie 82 gewählt, der an jeder Station anlegt. Keine Hast, um nach San Marco zu gelangen, aber dafür Wiederholung der besonderen Umstände deiner ersten Initiation anno 1956, als dich Venexia fürs Leben verhexte. Gewissenserforschung, ehe du an Bord gegangen bist: Bist du, verschlafen und unrasiert, würdig, IHR unter die prüfenden Augen zu treten? Hast du deine Seele frei gemacht von allen Versuchungen und Makeln der Staubwelt, der terra ferma? Bist du bereit, ehe du bei ihr um Audienz ansuchst, nach dem alten Brauch der Adepten Venexias, dem letzten Toten des Ospedale Civile der vergangenen Nacht, deinem Vorgänger in jedem Falle, die letzte Ehre zu erweisen (er liegt, jeden Tag eine Ablösung, schon eingesargt, eingekühlt und unter Gladiolen begraben bis aufs gelbe Antlitz, unter einer transparenten Plastikhülle aufgebahrt in der Totenkammer der Spitalskirche an der Riva dei Mendicanti)? Wirst du danach an den Fondamenta nuove dein Frühstück einehmen? Wirst du dasselbe (Tramezzini mit Krabben-Mayonnaise und ein halber Liter Tocai) mit den anwesenden Sperlingen und Tauben, Venexias Boten, teilen? Wird dann das Hotelzimmer schon gerichtet sein, auf dass du deinen Körper reinigest von der Befleckung durch die alpinen Verhältnisse?

Der Vaporetto fährt, schwarz und würdig, an San Geremia vorbei (hinter der Mauer aus istrischem Marmor weißt du die verschrumpelte Mumie der Santa Lucia im Glasschrein zur Schau gestellt).

Vom Glockenturm schlägt es halb zehn.

Ein schwarzes Etwas. Es treibt da im grünen, von der Schiffsschraube weißlich aufgeschäumten Wasser. Das Schiff treibt näher, du ermisst die Ausmaße der Katastrophe: Eine aristokratisch schlanke, eine schön gebaute schwarze Katze, treibt, die vier Pfoten ausgestreckt in der Wollust (was sonst, was sonst?) des Endlichsterben-Dürfens, nach dem Zu-früh-ertrinken-Müssen. Halb noch geöffnet die Augen, zwischen den Lippen die rosa Zunge.

Non nobis, non nobis – der Anfang des alten Templerchorals, »nicht unser, nicht unser, sondern deinem Namen sei Ehre« ist im Fundament des Palazzo Vendramin eingemeißelt, der Spruch der Templeisen des Parsifal ist für den Augenblick Epitaph für das königliche tote Tier im Canal Grande.

»Reg' dich nicht unnötig auf und hebe im nächsten Café einen Grappa auf das Ewige Leben. Auf mein ewiges Leben, wollte ich sagen«: Transparent, aber durchaus erkennbar, sitzt der Astralleib der toten Katze auf der Reling: »Benvenuto à Venezia. Aber da kommt sie schon die Patrona.«

Venexia: Für heute bist Du von der Totenwache im Ospedale dispensiert. Nicht von der Dusche. Aber da wir gerade am Palazzo Vendramin vorbei fahren, könnten wir uns über den Fall Wagner unterhalten. Der ertrunkenen Katze, die da direkt an der Bordwand vorbei treibt, passiert das seit 1930 immer wieder – »Ewige Wiederkehr«, so hätte es unser Freund Nietzsche formuliert – die Katze heißt, Sie hätten es erraten können, Cosima.

Bevor das Tier an gebrochenem Herzen verschieden ist, oder an der Staupe, oder an einem fatalen Fehltritt an der Kai-Mauer, nicht alle Katzen Venedigs sind Schwimmer, hat sie noch den Vollmond angemaunzt:

... dem Licht des Tages
wollt' ich entfliehn.
Dorthin in die Nacht
Dich mit mir zu zieh'n,
wo der Täuschung Ende
Mein Herz verließ,
wo des Trug's geahnter
Wahn zerrinne.

Dort dir zu trinken
Ew'ge Minne
Mit mir dich im Verein
Wollt' ich dem Tode weih'n.

Das ist, wie Sie sehen, ein abominabler Text. Dem Cimarosa im Palazzo Duodo hätte es vor Ekel geschüttelt, wäre er dieses Librettos ansichtig geworden. Im Teatro San Samuele wär' die Arie ausgepfiffen worden. Doch wohl nicht ohne Grund. Aber Richard Wagner, das Sorgenkind unter meinen Lakaien, hat das Zeug, das er da zu schreiben versucht hat, eben auch komponiert und das mit beachtlichem Ingenium. Wer will es der kleinen Pariser Comtesse, Tochter des Noch-nicht-Abbé Liszt nachtragen, dass sie der unendlichen Melodie auf den Leim gegangen ist. Ich selber, abgebrühter, erfahrener, aller Verführung kundig, bin zumindest einmal halbschwach geworden, als er in einer Vollmondnacht in den Tasten seines Klaviers wühlte und krähte:

Traum der Ahnung:
ew'ger Trauer
einz'ger Trost,
Vergessens güt'ger Trank!
Dich trink' ich sonder Wank.

»Sonder Wank« war aber schon wieder zuviel. Ich ernüchterte, es ist daher nur zu einem unverbindlichen Petting gekommen.

Interessant für mich, frustrierend für den Hofkapellmeister. Zur »unerfüllten Liebe«, wie er es ausgedrückt hätte. Er hatte ohnehin eine verdächtige Neigung zu dieser: Tannhäuser und Elisabeth, Lohengrin und Elsa, es ist ein Elend. Hätte ich mich nicht doch intensiver um ihn kümmern sollen? »Sonder Wank« geht aber nicht. In der Stadt des Arlecchino ist ein solcher Vers absolut unzulässig.

Allein sie, Cosimo, rollig, dabei uneingeweiht in die Künste der Aphrodite, hat sich da in eine peinliche metaphysische Affäre verstrickt: Der »Tristan« (ohne »sonder Wank«) ist ja eine respektable Oper. Und warum, frage ich Sie? Richard Wagner bekennt es selbst:

> Als ich einmal durch den düstren Kanal heimfuhr, trat plötzlich der Mond hervor und beleuchtete mit den unbeschreiblichen Palästen zugleich den sein gewaltiges Ruder langsam bewegenden, auf dem hohen Hintertheile seiner Gondel ragenden Schiffer. Plötzlich löste sich aus seiner Brust ein dem Thier-Geheul nicht unähnlicher, von tief her anschwellender Klagelaut, und dieser mündete sich nach einem langgedehnten »Oh!« in den einfach musikalischen Ausruf »Venezia!« Dem folgte noch einiges, wovon ich aber infolge der großen Erschütterung, die ich empfand, keine deutliche Erinnerung bewahrt habe. Die hiermit zuletzt berührten Eindrücke waren es, welche Venedig während meines Aufenthaltes daselbst für mich charakterisierten und bis zur Vollendung des zweiten Aktes von »Tristan« mir treu blieben, ja, vielleicht die, schon hier entworfene, langgedehnte Klageweise des Hirtenhorns im Anfange des dritten Aktes mir unmittelbar eingaben...

Welch eine reine Fülle von Gestalten.
Wo, triefend von des Augenblickes Leben,
Tiefsinn und Schönheit im Vereine walten ...
August Graf Platen-Hallermünde

Das war vor dem Petting. Übrigens hat eine Gondel kein »Hintertheil«.

Das »Oh Venezia!« habe ich ihm selbst in die Ohrmuschel gehaucht. Woher sonst hätte er es?

Und nach dem »Tristan« lässt sich der Unglückliche moralisch so tief fallen, dass er ohne Scham das Textbuch, nicht das Libretto, dergleichen verdient nicht den Ehrentitel »Libretto«, zu den »Meistersingern« verfasste. Die Hymne auf den nationalen Schwachsinn: Von »welschem Tand« lässt Wagner da den größenwahnsinnigen Schustermeister aus Nürnberg singen. Und das tut mir ein Mensch an, dem ich selbst den Barcarol unter seinen Balkon bestellt habe, damit er ihm das Liebesmotiv seines (?) Tristan vorsinge. Ein Mensch, dem zuliebe ich den Musikanten des Florian (das Haus hieß früher »Venexia trionfante«) Geld zugesteckt habe: Einen Tusch sollten sie spielen, wenn er aufkreuzte, ein Pilz an Gestalt und Dünkel neben seiner eleganten Cosima …

Schauen Sie sich die Fotos des »Hohen Paares« an, ich übertreibe nicht.

Frau Cosima aber hat ihren Gemahl nicht zurechtgewiesen, als dieser anfing national zu delirieren. Sie, die Pariserin, hat ihre Waffen vor der germanischen Lächerlichkeit gestreckt. Das musste metaphysische Konsequenzen nach sich ziehen.

Da liegt sie nun im Wasser, zum 15. Mal als Katze reinkarniert, immer wieder in ihrer Rolligkeit vom Kai geglitten, ertrunken vor dem Palazzo Vendramin. Welcher, wie Ihnen bekannt ist, im Winter als Venedigs Spielcasino dient.

Bis sie, Cosima, es irgendwann einmal begreifen wird.

Die Schaffnerin des Vaporetto hat das Tau um die Eisen der Anlegestelle geworfen, mit einer betörend schönen, unendlichen Melodie zurrt es sich fest.

Wann wird die tote Katze Einsicht erlangen? Wann wird sich ihr Purgatorium öffnen?

»Unbewusst, höchste Lust«, miaut die Geisterkatze auf der Reling, erhebt sich, macht einen Buckel und löst sich alsbald in Venedigs Urelement auf, ins selige Nix.

Maskengarderobe

Profanen Augen unsichtbar, allgegenwärtig, zwischen den roten Säulen der Piazzetta, präsent im Fleischgeruch nach »der Liebesnächte Kühlung«, vorhanden im glitzernden Schaum über den zusammenfallenden Atmungsorganen der Krebse, Langusten, Scampi, Krabben auf dem Fischmarkt, mit Weihrauch parfümiert an den Freitagen, wenn der Doge und seine Signoria, ein Rausch aus Gold und Scharlach, in den Betstühlen von San Marco knien, spielt Venexia auch mit dir Blinde Kuh. Seit einem halben Jahrhundert bist du ihrer Launen gefügiges Objekt. Wenn immer ein Fernzug, du solltest nach Marseille oder nach Bologna, am Bahnhof Santa Lucia anhielt, du bist ausgestiegen und hast auf die übernächste Verbindung gewartet, nur um zwei Stunden bei Venexia zu sein. Und wenn es nur das Vorzimmer zu ihrem Boudoir gewesen ist (der Raum zwischen der Scalzi-Kirche und San Marcuola etwa), es duftete doch nach IHR. Im strömenden Regen ohne Schirm die Lista di Spagna hinauf bis zum Canale Cannaregio und schon wieder verzweifelt, weil von den zwei Stunden eine bereits verstrichen war. Du beneidetest die Mumie der Santa Lucia in ihrem Kristallschrein in San Geremia, in deren heiligen Halbschlaf Tag und Nacht die Motorengeräusch der Boote hereindringen, die Tröstung: Du schläfst in Venedig, bis sich dereinst Venedig selbst auflösen und wollüstig im Reich der Ursachen versinken wird. Du weihtest Hunderte Herzschläge stillen Gedenkens dem Schatten des Lodovico Manin, Venedigs letztem Dogen, der in der Scalzi-Kirche ausschlafen darf. Der General Bonaparte hat ihm 1797 den Staat und den Hermelinkragen genommen, die gehörnte Haube hatte der gedemütigte Doge seinem Kammerdiener vermacht: »Nimm sie, wir werden sie nicht mehr brauchen.« Aber: Er liegt am Canal Grande und, wenn es lang nach Mitternacht stiller geworden ist, hört man das Aufklatschen der Gondelbäuche ins Wasser bis in das leere Kirchenschiff hinein. Eine posthume Seligkeit, welche nur Venexia zu gewähren versteht.

Es zahlt sich aus, Venexia Gehorsam entgegen zu bringen.

Du bist nicht mehr der Bub, der blind vor Glück vom Hotel Dolomiti die enge Calle Priuli durchlief, dem Fluchtpunkt des Canal Grande zu, wo in der Morgensonne Boote und Gondeln in einem festlichen Seesturm tanzten. Du verfügst über so viele graue Haare, dass man vor 250 Jahren die Hälfte einer Perücke daraus hätte herstellen können. Du hast »der Liebesnächte Kühlung« über alles zu schätzen gelernt. Jetzt erst, wo dein Weg zwangsläufig wieder nach unten führt (der Gedanke hat sich eingeschlichen, als du jüngst über die Rialtobrücke gegangen bist) erweist dir Venexia die Gunst, dich durch ihren Maskenfundus zu führen. Derselbe steht, wie jedes Mysterium von Rang, jedem Sterblichen offen. Die meisten ahnen nicht, wie dicht sie vor der Lösung des Welträtsels stehen, haben sie einmal nur ihren Fuß auf den Bahnhofsplatz gesetzt.

Am Campo Santo Stefano, ein Beispiel nur, schlägt die Stadtverwaltung der Serenissima jedes Jahr zur Carnevalszeit einen Standelmarkt auf, 30 Buden um eine leere Mitte gruppiert, zwei Zugänge durch Tore aus bemaltem Holz – Venexias ambulanter Weisheitstempel.

Die Passanten, die Touristen sogar (Oh, Venexia kann auch leutselig sein!) dürfen sich hier (gegen horrende Preise, eine wohlfeile Erkenntnis gibt es nicht), verkleiden lassen. Wer als Laie, als profanes Subjekt beim einen Tor hereingekommen ist, der verlässt den magischen Bereich verwandelt in: Sol, Luna, Morgenstern, Papst, Päpstin, Doge, Dogaressa, Senator, Markuslöwe, in das erste und letzte Arkan des Tarot, als Pestdoktor, Arlecchino, Zerbinetta, Pierrot und Colombine.

Venexia vertraut uns ihre Masken an (Wie gesagt, verkauft sie; was es wiegt das hat's, und wie hätte Venexia je triumphiert ohne ihren militant ausgebildeten merkantilen Tatsachensinn. Wem dazu Frühestkapitalismus einfällt, der möge vortreten. Er hat Recht. Bravo! Und bekommt 10 Prozent Rabatt).

Eine Maske also, darüber der Dreispitz. Du hast dich dem Angebot nicht zu entziehen vermocht. Im Februar kauftest du dir die schönen Stücke, verwahrst sie in deinem Kasten als Livree Venexias, die anzulegen du gewürdigt warst. Ein Blick in den Spiegel: Unterm schwarzen Dreispitz die Maske. Venexia wählte für dich den langen weißen Schnabel eines Pestarztes aus. Er passt zu dir; eine Zeitungsschreiber-Larve. Worauf es aber ankomme, sei das Darunter, das Antlitz, meinen die Laien. Das Darunter wäre denn etwas? Wie lange hält denn ein solches Antlitz, ehe es sich auflöst. Die Maske ist im Allgemeinen robuster.

Merke, sogar Sankt Pio X., Patriarch von Venedig, ehe ihn die Kardinäle in Rom zum Papst wählen sollten, hat Venedigs Gesetz geachtet. Als er nach Jahren der Bestattung unter der Kuppel von San Pietro nach Venedig heimkehrte, hatte er eine sehr edle silberne Maske angelegt. Damit er, durch den Kristallsarg hindurch als Venezianer erkennbar bliebe. Die Menschentrauben an den Balkonen, über den Brüstungen der Scalzi-Brücke, der Rialtobrücke, der Accademia-Brücke begriffen es, schweigend, angerührt vom Mysterium: ein heiliger Venezianer zieht da unten vorbei.

Unter welchen Masken aber hat Venexia sich dir offenbart? Welche Gesichter, welche Leibesgestalt hat sie angelegt, um dir das zärtliche Nichts darunter vertraut zu machen?

Geh' in dich, rufe dir ihre Erscheinungen aus dem Vergessen zurück.

Was hat Venexia nicht alles von der Kaiserin Theodora geerbt, so wie sie von dem Mosaik in San Vitale zu Ravenna herunterblickt. Die

Souveränin hatte ihre Karriere laut Prokopios als Darstellerin »lebender Bilder« begonnen (in welchen eine langhalsige Gans eine moralisch zweifelhafte Rolle zu spielen schien). Theodora wurde nicht heiliggesprochen. Aber sie prägte, als ehemalige Hafenkatze und spätere Oberherrin über den Archipel am Rialto, Venexias Charakter.

An der Salome, der sittenlosen Stieftochter des Königs Herodes, abgebildet auf dem Mosaik in der Kuppel von San Marco, zeigt Venexia, wie viel ihr mondäne Umgangsformen, Mode und Design auch im Niemandsland zwischen Blutdurst und Erotik bedeuten: Beachte die souveräne Geste, wie sie den abgehackten Kopf Johannis des Täufers auf einer Servierplatte über dem eigenen Kopf balanciert. Versenke dich in den hautengen Schnitt der pelzverbrämten Robe, lass deinen Blick den seitlichen Schlitz hinaufgleiten, bis zum grazilen, aber substantiellen Oberschenkel. Suzie Wong fällt dir ein und Marco Polo.

Deine Lieblingsmaske Venexias aber war stets die Maskerade, die Giorgione ihr mit seiner Venus gefertigt hat. Da schläft sie, prophylaktisch errötet wie ein Flamingo auf Pölstern (Bevilacua; das ist eine Werbung, aber eine bislang unbezahlte) und deutet mit ihrer linken Hand an, wie weit ihre (offenbar überaus konkreten) Träume gehen.

Tizian nahm sich für seine Venus ein Beispiel daran. Und siehe, auch auf diesem Bild weiß Venexia sich zu helfen.

Aphrodite, Diana und Dogaressa in einem, verfügt sich Venexia auf Tinorettos Maske in ihr Bad …

Zuletzt, ein paar Herzschläge vor dem Untergang der Republik, O'Murphy, die schöne O'Murphy, gemalt von Boucher, O'Murphy, Giacomo Casanovas zuckerlrote Sparring-Partnerin, später Freundin Louis XV., des Allerchristlichen Königs von Frankreich und Navarra, glücklichst verheiratet, nobilitiert und, am Ende, wohl versehen mit den Tröstungen der hl. Kirche, heimgekehrt ins Reich der Ursachen.

Heute hat sich Venexia dafür entschieden, zurückgezogen zu leben. Jeden verlassenen Palazzo hat sie zu ihrer Residenz gemacht. Sie kontrolliert die Parkgebühren auf der Piazzale Roma und am Tronchetto, wie sie in früheren Tagen den Pfeffer- und Seiden- und Parfumhandel der Levante kontrollierte. Sie setzt die Tarife für das Tagesbillett der Vaporetti-Linien fest, verordnet die nach einem strengen Ritual überhöht kalkulierten Preise des Menú turistico, welches der uneingeweihte Tourist von einem hochnäsigen Kellner auf den Tisch geknallt bekommt. Sie verkauft die Arrangements für die sündteuren Inselrundfahrten. Venedig ist nicht gratis.

Aber, Venexia hat nichts vergessen: Ihr Löwe, inkarniert in 100.000 Katzen, patrouilliert durch die Gassen. Noch immer befindet sich im Dogenpalast ihr eigentliches Boudoir (rechts Tapetentür zur Inquisition, oben Bleikammern, unten Pozzi). Und jedes

Mal, wenn sie sich vom Schlummer erhebt und beim Frühstück (Zypernwein und Mandelmakronen) eine neue Verordnung erlässt, dann: Wehe den frevlerischen Touristen!

Im vergangenen Sommer bist du, einen Augenblick nur der (wievielten?) Epiphanie Venexias in der Auslage einer Modeboutique, Calle XX Maezo, gewürdigt worden. Sie putzte die Glasscheiben, ihre Hände, der Serenissima Hände, steckten in orangefarbenen Gummihandschuhen. Wer die Gene der Kaiserin Theodora in sich kreisen fühlt, dem ist keine Arbeit zu minder. Aber auch gar keine. Und auch nicht die Maske einer lustigen kleinen Venezianerin, die dir mit orangefarbenen Gummihandschuhen durchs Glas zuwinkt. A propos lustig …

Es ergeht dir wie dem Baccalá, dem Kabeljau, wenn eine venezianische Hausfrau sich in früheren Zeiten an seine Transmutation machte. Sie nimmt den eingesalzenen, längst mumifizierten Fisch und schlägt denselben unzählige Male brutal gegen einen Ankerpfosten. Dann werden die sterblichen Überreste 24 Stunden lang eingewässert. Schließlich werden sie enthäutet (Oh, seliger Bragadino!), eineinhalb Stunden gedämpft und anschließend in Scheiben geschnitten, in einem Mörser mit Milch, Pfeffer, Öl und Salz gestoßen, bis die Creme Venexia mundet. Man könnte dich, Serviervorschlag, mit gerösteter, orangenfarbener Polenta servieren. Du hoffst, Venexia würde ihr Mäulchen aufmachen und dich auf der Zunge zergehen lassen. Ein Ziel, auf's Innigste zu wünschen: Buon appetito!

Wie Venexia um ihre Verehrer besorgt ist

»Sie hatte in ihrer wilden Art eine tiefe Zuneigung für mich. Als ich eines Tages im Herbst mit meinen Gondolieri zum Lido fuhr, wurden wir von einem heftigen Gewitter überrascht. Die Gondel geriet in Seenot, die Hüte wirbelten ins Wasser, die Ruder gingen verloren, das Meer tobte. Donnerschläge, strömender Regen, immer stürmischer der Wind, da brach die Nacht herein.
Nach hartem Kampf kehrten wir um – und da saß sie im Freien auf den Stufen ihres Hauses, Palazzo Mocenigo, am Canal Grande. Tränen standen in ihren großen schwarzen Augen, ihr langes schwarzes Haar hing ihr, vom Regen durchtränkt, über Stirn und Brust. Der Wind bauschte das Kleid um ihre hohe, schlanke Gestalt – in ihren Augen spiegelten sich die Blitze. Die Wellen schwappten über ihre Füße: All das gab ihr das Aussehen einer vom Streitwagen gesprungenen Medea oder einer Hexe des Sturmes, der sie umbrauste. Im weiten Umkreis war sie, außer uns selbst, das einzige Lebewesen.
Als sie erkannte, dass ich in Sicherheit war, schrie sie, ohne mich nur eines Grußes zu würdigen: »Ah, can' della Madonna – wie kann man bei einem solchen Wetter zum Lido fahren!« Dann lief sie ins Haus zurück und beschimpfte meine Gondolieri: Warum hatten sie das Unwetter nicht vorausgesehen?
Die Diener im Haus berichteten mir, dass es nur die Weigerung aller Gondolieri auf dem Canal war, die sie daran hinderte, mir im Boot nachzukommen. Dann habe sie sich im strömenden Regen auf die Stufen gesetzt; man habe sie weder fortzubringen noch zu trösten gewusst. Ihre Freude beim Wiedersehen war mit Wildheit gemischt – ich musste an eine Tigerin mit ihrem wiedergefundenen Jungen denken ...«.

George Gordon Noel, Lord Byron

Was Venexia vom Kartenaufschlagen hält

Du weißt, dass Venexia die gesalbten Pforten bewacht, durch welche es dich zieht, wenn du einschläfst. Da trifft sie dich mit Sicherheit und du bist selig, dass du ihr nicht entkommen kannst. So wie in jener Nacht im Karneval, als du an einem Stand jene Maske gekauft hast, die mit den Trümpfen des Tarot bekrönt, seither über deinem Bette hängt. Ein Deck des Spiels hast du gleich mitgenommen: Wer mit Venexia ein Verhältnis hat, braucht IHRE Karten, um sich die Welt zu deuten. Denn, von dieser Lagune aus hat das Orakel diese Welt erobert. Du hast die bunten Bilder auf einem Tabouret aufgelegt, die Maske dazu. Ein letzter Blick streifte sie, als du, in die Bewusstlosigkeit sinkend, mit der rechten Hand unter den Kopfpolster tastetest.

Es blitzte aus den Augenschlitzen, und was im Halbschlaf an dein Ohr drang, als sich die vergoldeten Lippen aus Papiermaché öffneten, das hörte sich an, als vermöchte Venexia auch pathetisch zu sein:

»Pass' auf, du bist über 50. Noch einmal so lang? Unwahrscheinlich. Später oder vielmehr früher wirst du begriffen haben, was das bedeutet, wenn der Mesner von San Marco am Faschingdienstag um Mitternacht durchs Megaphon schreit: »Il Carnevale è andato!«

Hör zu: Die erste Hälfte des Lebens dient dem Vergessen. Du hast dir ein Haus zusammengezimmert, das, was du für Sicherheit hältst, schließt dich ein wie ein Panzer. Unbesorgt gehst du zur Ruhe. Wie jetzt fährst du beim Einschlafen mit der Hand unter deinen Kopfpolster, ja er ist da in seiner konkreten Weichheit.

Wehre dich nicht, wenn die Träume aufsteigen. Ein Bündel voller Proviant hast du an deinen Stab gebunden, die Sonne lacht über deinem Haupte, du schreitest aus, auf sicherem Felsengrund oder, wie vor einer Stunde noch, über das Granitpflaster der Riva degli Schiavoni. Du erinnerst dich an den Holzschnitt aus dem Buch »Rübezahl«, herausgekommen 1899. In deiner Kindheit hast du da zum ersten Mal ein Bild der Piazzetta gesehen und darauf den Studenten, der durch einen Zaubersturm aus Böhmen nach Venedig geblasen wurde. Da steht er verblüfft zwischen den beiden Säulen. Du weißt, dass man dort nicht stehen sollte, will man nicht das Wachen mit dem Schlaf, das Diesseits mit dem Jenseits vertauschen. Du wolltest dieser Student sein. Du bist es, du bist der Narr, der erste Trumpf.

Ein Schritt, und der Narr stürzt ins Bodenlose. Ausgerutscht auf dem Algenteppich, platsch ins grüne Wasser. Vor dir steht einer, der zeigt mit der Rechten nach oben und mit der Linken auf die Erde. Er ist stumm, aber sind nicht auch dir die Worte und die Begriffe ausgegangen? »I begriffi« nennt Benedetto Croce die Studenten

deutscher Zunge. Du versuchst also ein Wort zu finden, dich an ein Wort zu erinnern, das den, der da steht, benennen könnte. Endlich fällt dir eines ein: Zauberer, Magier. Das Wort aber zerfällt in seine Buchstaben und Laute, es ist nicht wahr, es ist nicht falsch. Es ist brauchbar und nutzlos, es benennt und es fälscht. Du besitzt den Maßstab nicht mehr. Das Bündel mit den Vorräten hast du auch verloren. Den Maßstab hält jetzt der Magier in seiner Rechten. Zu Recht dämmert dir: Dort bin ich und hier ist niemand. War niemals jemand: Aus seinen Augen hast du geschaut, als dir der Stab aus den Händen fiel.

So ergeht es einem, wenn man sich einmal in der Sicherheit eingerichtet wähnte.

Die zweite Hälfte des Lebens dient der Erinnerung: Das bist du, der Narr, der so forsch ausgeschritten war und der dann über die Stufen zum grünen Wasser stolperte. Das bist du, der Magier, der dir zeigt, was du alles bist: Die Hohepriesterin zwischen den beiden Säulen, die Kaiserin und der Kaiser, der Hohepriester und der Eros und sein Pfeil und du bist die Liebenden, alle beide, denen er den Pfeil ins Herz schnellt.

Du fährst im Triumphwagen einher, du bist die Stärke und der Löwe, welchen sie bändigt, wie deine Venexia ihren stolzen Kater. Du bist der Eremit mit seiner Laterne und das Rad, das sich dreht ohne Unterlass.

Du spürst, dass du die Gerechtigkeit bist und der zu Recht Verurteilte, der vom Ast des Baumes hängt, du bist der Tod, der dich einholt auf falbem Rosse, das Leben, das er erntet, das bist du auch.

Du bist die Mäßigkeit und das Maß und du hast keinen Anlass, den Teufel anzuklagen, der dich an die Welt der Sicherheit kettet, denn der bist du selber. Du selbst hast dir die Ketten geschmiedet, du warst die Umwelt, welche dich verdorben hat, du bist deine schlechte Gesellschaft.

Vom zerstörten Turme stürztest du, wie der Campanile in sich selbst zusammenbrach, wenn du, der Blitz dreinfährt.

Du bist der Stern, der aufgeht über der Quelle, der Mond, den die streunenden Hunde anheulen, du bist jeder der beiden Hunde und der Krebs im Teich.

Die Sonne, der du dich sorglos anvertrautest, ehe du in die Lagune stürztest, die warst du auch und du hast recht getan, dich ihr anzuvertrauen.

Zuletzt stehst du vor dem Gericht, von dir selber gerufen, verkleidet als Engel mit der Posaune, aus dem Grabe, das du bist, auferstehend, als Kind, als Frau, als Mann.

Du bist die Welt.

Jetzt schläfst du, der Polster ist weich, du bist in der Sicherheit, die du bist: Du befindest dich in einem Spiegelkabinett. Im Kartenhaus. Und das grüne Wasser schwappt um deine Fundamente.

Spiegelkabinett

Ich will hier Feste geben. Schaff mir Löwen,
Die Blumensträuße aus dem Rachen werfen!
Vergoldete Delphine stell vors Tor,
Die roten Wein ins grüne Wasser spein!

Hugo von Hofmannsthal

Das Haus hatte fünf Räume, die mit erlesenem Geschmack möbliert waren. Alles und jedes war vorbedacht für die Freuden der Liebe und der guten Tafel, überhaupt für jede Art von Luxus ...

Giacomo Casanova

Salon, fensterlos, oktogonal im Grundriss einer Templerkapelle. Im Gegensatz zu einer solchen (aber wissen wir's?) sind die acht Wände mit Spiegeln getäfelt, insgleichen Plafond und Fußboden. Befände sich nichts und niemand im Raum, bliebe das Nichts in ewiger Kontemplation seiner selbst versunken. Der Plafond reflektiert den Boden, das Obere das Untere.

Aber es sind Möbel vorhanden: ein Tabouret, ein rosabespanntes Sofa, mit rosa bezogenen Kissen, ein Leuchter aus gläsernen Früchten. In der Kulisse übt einer an einem kratzigen Spinett das Accompagnato eines Secco-Rezitativs.

Das Geräusch einer Wasserspülung.

Eine Geheimtür öffnet sich.

Casanova (Alter gegen 63 Jahre) tritt ein.

Casanova: Ouff! Endlich! Quel soulagement, welche Erleichterung. Zehn Jahre gräflich waldsteinisches Häusel fürs Personal, die Scherereien mit dem Leibstuhl habe ich mir nicht antun wollen, denn wer trägt ihn schon hinaus, den pot de chambre? Wiederum ich, ich, ich. Und wohin? Ich frage: wohin? Wieder in das verhasste Häusel. Eine Last ist dieses Leben. Nach diesen zehn Jahren hat man schon fast vergessen, wie ein englischer Ort aussieht. Und riecht. Balsam? Nicht ganz. Verfluchter Kammerdiener. »Naijhaisl!« ruft der mir nach, wenn ich, das Nachtlicht in der Hand dem Orte der Putrefaktion zustrebe, die Zipfelmütze auf dem Kopf, man soll nicht glauben, wie saukalt es in Böhmen ist, ja da ruft er mir nach, er lauert mir nämlich auf, »Darmolkasperl!« Aber das ist noch nicht erfunden, pardon. Angekommen fand ich einmal mein Porträt mittels materia prima an die Brettertür mit dem ausgeschnittenen Herzen geklebt. Wie tief muss ein Cavalier gesunken sein, ein Ritter vom Goldenen Sporn, dass er statt von der Liebesnächte Kühlung von einem englischen Ort träumt. Den habe ich mir damals hier einrichten lassen. Eine lohnende Investition. Im Träume stets benutzbar. Aber nur im Träume, ach, im Träume.

Im Träume besitze ich es für immer und ewig, mein venezianisches Casino. Eine venezianische Badewanne, geschliffene

Muranospiegel, goldunterlegt. Famose Idee, vergoldet das Incarnat. Alles seinen Platz, Sofa und Tabouret.

(Riecht am Sofa) Mit Rosenwasser beträufelt die Kissen. Es kocht der Koch.

(Schreit in eine plötzlich sichtbar gewordene Durchreiche): Vier Dutzend Austern, Champagner, Punsch! Presto, presto!

(Singt vor sich hin) Tu ch'hai la bocca dolce più che il miele,
Tu che il zucchero porti in mezzo il core,
Non esser, gioia mia, con me crudele:
Lasciati almen veder, mio bell'amore.

(Cembalist spielt fortissimo)

Casanova: Piano, maledetto, piano!!! Ruiniere nicht die Stimmung, weck' mich nicht auf, jetzt in diesem Augenblick, weck' mich nicht auf.

(legt sich aufs Sofa, nickt im Traume ein)

In sämtlichen Spiegeln, oben und unten, achtfach, milliardenfach, billonenfach, unendlich, manifestiert sich Venexia, alias C.C., alias Marina Morosini, Lucrezia, Henriette, Javotte, Therésè Immer, türkischer Musseline, transparent und doch nicht, Federn im hochaufgesteckten Haar. Ein Nonnen-Habit liegt überm Tabouret.

Casanova fährt aus dem Schlummer, wälzt sich vom Sofa, stürzt, schlägt sich an, ächzt, rappelt sich auf, kniet wackelig vor der überirdischen Erscheinung.

C.C., alias Venexia etc. *(flüstert):* Alter Trottel, aber nein, das ist zu scharf: Zione, Riesenonkel mit der Riesennase. Dummer Bub!
(lauter): Geliebter, verehrungswürdiger Freund, endlich! Wie ist das Wetter heute in Böhmen? Schneit es noch immer Confetti, wie gestern, wie vorgestern?
Erzählen wir uns unsere alte Geschichte?
Spielen wir die 10.000. Partie Pharao?
Oder spielen wir lieber gleich das alte Spiel, zu dem man dann keine Karten mehr braucht?
Sie fangen an, Seingalt!

Casanova: Gestern, wie vorgestern, wie morgen: Sie, Serenissima im Wagen, da gehen die Pferde durch. Die Achse geht zu Bruch, der Wagen überschlägt sich, der Schlag spring auf. Sie purzeln, pardonnez-moi, heraus, auf einen weichen Moospolster. Von ihrem Antlitz ist nichts zu sehen, Über- und Unterröcke bauschen sich über ihrem Haupt. In diesem Augenblick erschaute ich, im Fluchtpunkt zweier rosenfarbener, gespreizter Schenkel, das Wesentliche. Ich erschauere: Das, wo nichts ist, wie es unser Freund Diderot in »Jacques le Fataliste« formuliert. Il n'y a rien – Das, wo nichts ist, Ihre Macht, Ihr Bijou …

C.C.: Das Nichts, dass ich nicht lache. Das Nichts mimt doch alles und jede und jeden und das bis zur Perfektion. Warum nicht auch das Bijouterl. Schauen wir uns in die Spiegel, wie gestern, wie vorgestern, wie morgen. Wie perfekt das Nichts Sie und mich nachmacht: eine Sie-Maske, eine Ich-Maske, der schöne Dekor, fertig die Illusion. Das Nichts imitiert noch die Spiegelrahmen und den, der sie geschnitzt hat, den Glaser, den Tischler, das Tabouret, meinen Habit, den Tapezierer, die Maler und die Schwertschlucker, die Kapuziner, die Camaldulenser, Nonnen aller Sorten, Doge und Dogaressa …

Wir sollten dem Nichts applaudieren.

***Casanova** (verfällt in Ekstase):* Aber unsere Spiegel bewahren das Nichts auf in all seinen schönen Masken.

***C.C.**:* Die Spiegel erinnern sich der schönen Nacht: Ihre C.C. in ein Negligé aus rosenfarbenen Musselin gehüllt, das Nichts-Kostüm einer Odaliske im Serail des Großherren. Das Nichts webt die kostbarsten Stoffe.

***Casanova**:* Das Nichts ist raffinierter als die Meeresgöttin Thetis. Die hat es zwar verstanden, sich in einen Tintenfisch zu verwandeln, als ihr Peleus nachstellte. Und sie ist doch übermannt worden.

***C.C.**:* Unsere Mitschwester M.M. hat sich auch ihr Kostüm beim Nichts machen lassen. Drin räkelte sie sich auf dem Sofa. Nur Sie, Seingalt, steckten noch gänzlich in der Illusion Ihrer Pantalons, als Sie die Austern orderten.

***Casanova** (fährt auf):* Die Austern! Den Champagner!

Ein Tablett mit Austern, eine bereits geköpfte Bouteille Champagner und zwei Kelche werden in der Durchreiche sichtbar.

C.C. (fährt fort): Der vierte, seine Exzellenz, der Herr Botschafter des allerchristlichsten Königs von Frankreich und Navarra, der das Bankett bezahlt hatte, war noch in die Illusion seines Kardinals-Purpurs vermummt. Sein gieriges Äuglein war an das Löchlein im blinden Fleck des Spiegels dort geheftet, im Kabinett dahinter wartete er auf den Beginn der Vorstellung.

Casanova: Das Quartett, das wir da aufführten, war dann eines Königs würdig.

C.C.: Komponiert, exekutiert vom Nichts. Nichtsgewänder, auseinandergenestelt, erhitzte Epidermis, Parfum, Schweiß, aber keine Tränen, dafür ein Tröpfchen Blut. Das haben Sie beigesteuert, Sie, mein Held. Mein Blutzeuge. Bei Ihrer letzten Attacke fiel es auf mein Decolleté.
Welche Wonne. Blut macht sich gut auf weißer Haut.
Dazu ein illuminierter Kardinal, der den Kontrabass spielte.

Casanova: Und so wie ich Sie heute betrachte, fällt es mir ein, ich strich das Cello … Bis zur Erschöpfung. Wer die Welt vor 1789 nicht gekannt hat, der hat keine Ahnung von des Lebens Süßigkeit.

C.C.: Der Herr Rousseau, der Frömmler aus der Schweiz, er hat auch im Palazzo Surian, dem Haus unseres geistlichen Beistandes gewohnt, Sie erinnern sich, Canale Cannaregio, der hat das anders gesehen. Ich unter der Bauta im Ridotto, er, entflammt, flehte mich an: Um der Tugend willen, nehmen sie die Maske nicht ab, gönnen Sie dem Verfolgten die Illusion, dass etwas dahinter ist. ETWAS: ein Plan, eine Vorsehung, ein Gesellschaftsvertrag, eine Revolution, ein Weltgericht, eine Letzthinigkeit. Porcheria tedesca, dieser Ausdruck. Natürlich habe ich dem Wunsche des Herrn Botschaftssekretärs entsprochen, keine Demaskierung, kein Blick auf Venexias Bijou. Unter uns gesagt, er roch. Schweißfüße. Die hat er dann seinen Jüngern vermacht.

Casanova: Ich pflege mir die Füße zu waschen.

C.C.: Das ist mir bekannt. Würde ich andernfalls jede Nacht mit Ihnen zubringen? Auch kommen Sie nicht mit Strümpfen ins Bett, sondern im Naturzustande. Philosophen haben nicht zu riechen.

Casanova: Warum gewähren Sie mir, dem Unwürdigsten Ihrer Diener nicht ein einziges Mal die Gnade Ihres Besuches in Böhmen, im Exil, wo es schneit und schneit und schneit?

C.C.: Wo glauben Sie, dass Sie sich befinden?

Ich, wie Sie wissen sollten, wohne nirgends und allerorten.

Was oder besser wer befindet sich hinter der Marmorfassade von San Giorgio? Unter der Kuppel von San Zanipolo? Hinter den Hochaltarblättern, hinter der in Konstantinopel entwendeten Pala d'Oro im Tresor von San Marco, in der Gruft selbst? Unterm Pflaster der Salizzada San Lio? Unterm grünen Lagunenwasser,

unterm Schlamm? Mitten drin in den Glasöfen von Murano, tiefer noch, im Alchimistenofen im Erdkern? So besehen residiere ich auch in Böhmen, Ihnen näher, als Sie denken: Wenn Sie morgen einschlafen, fixieren Sie doch den Kamin … Weil Sie sich an unser erstes Rendezvous in Murano erinnern, damals, als die Hexe Sie in einer Truhe einsargte, weil Sie Nasenbluten hatten. Ich schwebte vom Kamin in ihr Bettchen. Sie wissen, dass ich immer wieder komme, jede Nacht. Wo ich wohne?
Allerorten eben: Milwaukee, Ogadugu, Benares, Jerusalem sogar Rom, Rom. In Venedig aber, Seingalt, hier im achteckigen Spiegelkabinett, da zeigt sich Ihnen das Nichts unverhüllt.
Es ist Punkt Mitternacht, zwischen Faschingdienstag (addio, carne vale!) und, ach, Aschermittwoch. Der ist uns allen aufgesetzt. Hören Sie die Maragona vom Campanile wummern?
Zeit wird's
Demaskierung,
Maske herunter,
Nix drunter,
Seliges Nix.

***C.C.**, alias Venexia liegt nackt auf Brokatkisssen (hergestellt von der Firma Bevilacqua), Spitzen aus Burano sind über sie gebreitet. Duft nach Ambra.*

***Casanova** (kniet noch immer):* Adoro te devote …

C.C.: Sie sind ja doch der Abbate geblieben, der in San Samuele von der Kanzel gestürzt ist, des vor der Predigt genossenen Austernfrühstücks halber. Beschönigen Sie nichts, Abbate, ich war dabei. Und wie ich dabei war. Aber in diesem Augenblick, zu Ehren der hohen Mitternacht, und ehe wir uns an unser altehrwürdiges Spiel machen, darf ich im Gegenzug Sie zitieren statt des Thomas von Aquin: Viva la libertà.

Casanova: Adoro te devote …

Ein Windstoß bläst die Kerzen aus, es schneit Confetti. In den Spiegeln spiegelt sich nichts.

Treue bis übers Grab

Das Foto ist soeben aus einem Buch herausgefallen, es mag als Lesezeichen gedient haben. Es stammt ohne Zweifel aus dem Jahre 1960. Drauf bist du. Ein völlig fremd gewordener Knabe, angelehnt an eine Zisterne: kurze Hosen, noch nicht zerlassener Babyspeck, Leiberl – wenig einnehmend. Aber wer hat sich dazu in das Bild projiziert? Jenes Mädchen, das, hinter dir, kastanienblond, rosa Bluse, weiße Sandaletten, neben sich einen geflochtenen Korb, auf dem eisernen Deckel des Brunnens sitzt. Du kannst dich nicht erinnern, dieses Wesen damals wahrgenommen zu haben. Wo war sie, als jemand, (vermutlich der Onkel Theo) den Auslöser drückte? Hatte sie sich für mich und den Fotografierenden unsichtbar gemacht, nicht aber für den Film in der Kamera? Venexia in der ach, so selten zutage tretenden, freundschaftlichen Erscheinungsform, in welcher sie sich kleinen Buben offenbart, die noch nichts vom Plaisir des Fleisches verstehen. Aber, angenommen, du wärest damals, durch irgend einen Zufall allein mit ihr gewesen, eingeschlossen in ein verborgenes Zimmer, und sie hätte ein Lavoir gebracht und hätte deine Beine einer ausführlichen Waschung unterzogen, dir dann die selbstgewirkten Strümpfe angelegt, wie hätten deine Hormone reagiert? Du hättest sie als Lehrerin verehrt. Stets hättest du sie als Seelenführerin verehrt.

Ist die Serenissima in Geberlaune, genügt ihr die letztwillige Verfügung, mittels welcher ein Liebhaber bestimmt, auf San Michele begraben sein zu wollen. Strawinsky hat sie an ihr Herz gedrückt und von Dhiagilew den rosa Ballettschuh einer kleinen Ballettratte als Tribut genommen.

Bist du bereit, ehe du bei ihr um Audienz ansuchst, dem letzten Toten des Ospedale Civile der vergangenen Nacht, deinem Vorgänger in jedem Falle, die letzte Ehre zu erweisen?

September 2002: Wieder hast du das Ritual minutiös und in aller Demut vollzogen: Ankunft in aller Frühe mit dem Pendlerzug aus Udine, Fahrt mit dem Vaporetto vom Bahnhof nach San Marco. Die obligaten Herzschläge stillen Gedenkens, als das Boot an der schwarzen Katze vorüberkommt, die da, ertrunken – unbewusst, höchste Lust – vor dem Palazzo Vendramin im Wasser treibt. Durch die Calle Valaresso ins Hotel.

Nach den notwendigen Ablutionen, aber nüchternen Magens, ohne gefrühstückt zu haben, deinen Pilgerweg seit nahezu 50 Jahren hinauf zum Campo San Zanipolo. Die Schatten deiner Eltern, des Onkels Theo sitzen im Café unter Verrocchios Colleoni, beobachten dich. Sie winken dir nicht zu. Sie sind stets anwesend. Weiter, die Riva dei Mendicanti hinauf, Fluchtpunkt San Michele. Nach dem alten Brauch der Adepten Venexias hinein durchs Portal der Kirche San Lazzaro, deren Fassade in die lange Mauer des Ospedale Civile eingeschrieben ist. Sankt Lazarus. Der Gastgeber Jesu soll nach drei Tagen, mit Binden umwickelt, und »er roch schon«, aus seinem Grabe hervorgetreten sein. Der kühle, feucht riechende Narthex der Kirche macht dich munter. Und in der Totenkammer, zur linken Hand, schlummert, wachsgelb, aber selig entspannt (unbewusst, höchste Lust?) ein gepflegter Herr unter einer Plastikhülle mit Zippverschluss. Gladiolen allenthalben und spitzige Mandorlen aus Palmen. Dein Herz schlägt unter plötzlicher Adrenalineinwirkung. Du sagst dir: Der wenigstens ruhet bald sanft in Venexias Schoß.

Wer wird an seinem Bette gesessen sein? Wer wird an ihm die Riten der Überfahrt vollzogen haben? War es eine fromme Nonne, selbst mit Leib und Seele im Niemandsland zwischen hüben und drüben, konkret zwischen Fondamenta Nuove und Cimitero angesiedelt? War's ein schweigender Kapuziner? Oder war's Venexia selbst, die ihm geholfen hat? Will sie ihn einladen, noch einmal, zum Tanz der Larven und Begierden? Oder gönnt sie ihm die ultimative Demaskierung? Erwartet sie ihn draußen, schon hören wir das Trauerboot beidrehen, mit vor Aufregung bebenden Nasenflügeln?

Jetzt aber wird der Heißhunger wach. Der Kellner in der Bar an den Fondamenta Nuove stellt dir die bestellten Tramezzini auf den Tisch, den halben Liter Tocai. Es flattern die Sperlinge und die Tauben heran und nähren sich von den Krumen, welche du ihnen reichst. Vor deinen Augen, jenseits der aufgewühlten Laguna morta die grünweißroten Mauern der Toteninsel, Tang am Fundament, weißer Marmor, darüber die Ziegel. Die drei Farben der Erkenntnis.

Der Pensionist am Nebentisch, Pullover XXL, marineblau, hebt sein Glas, murmelt zuversichtlich: »Vanno tutti quà, anche noi«, als ein violett lackiertes Boot mit violetten Bordüren hinter den Fenstern zielstrebig hinüberzieht. Handelt es sich um den wachs-

gelben Herrn, den du soeben besucht hast? Hast du, als dieser Gedanke von dir Besitz ergriff, nicht deinerseits das Glas gehoben und ihm insgeheim gratuliert? Immerhin, eine Hürde ist geschafft. Ciao, auguri, ciao!

Es lebt indes der Mensch nicht von Tramezzini und der Frucht des Weinstocks allein. Du strebst also der französischen Buchhandlung in der Barbarie delle Tole zu, der Gasse, wo Casanova seinen Hausstand als Vertrauter der Inquisition eingerichtet hatte, bis zur endgültigen Verbannung und dem Exil in Dux. Unter den Neuerscheinungen, obenauf, das, was du nach oben angeführten pompfünebren Eindrücken gesucht hast: die Sonette des Alvise Zorzi Baffo, aus dem Venezianischen ins Französische übertragen. Mit Heißhunger erwirbst du das Taschenbuch. Der Autor, Senator aus erlauchtestem Patrizierhause, gestorben 1767, war in den Augen des diesbezüglich überaus kompetenten Guillaume Apollinaire einer der gewaltigsten Poeten überhaupt, mit Sicherheit aber der laszivste aller Zeiten, Römer, Chinesen, Japaner, Inder, Araber, Türken inklusive. Du blätterst in dem Zauberbuch, während du, ansonsten blind über den Campo schreitest.

Rapide Schnitte: Rialto (Handschuhe oder nicht? Handschuhe! Im Umgang mit einer Zeit, die Baffo vergessen hat, benötigt man solche). Über die Brücke, links: Casa Goldoni. Noch regierte Venexia ihre Republik und der Hausherr verschied im Paris des revolutionären Terrors, letzter Adept des Lachens, als die Dummheit zur Bürgerpflicht geworden war. Weiter zur Accademia, zum Campo San Vio, die Fondamenta Venier hinunter zu den Zattere. Ida Music stellt im Salzmagazin ihre Bilder zu den Qualen des Tantalos aus: Venexia oben (mit Fruchtkorb), Venexia unten (mit Wein aus Zypern), Venexias schöne, geschickte Finger eine Spanne von der Lendenregion des Tantalos entfernt. Aber eben Distanz, unerträgliche Distanz, das Inferno.

Du stehst, mit schmerzenden Beinen im Traghetto nach Santa Maria del Giglio. In der Mitte des Canal Grande dreht sich die Gondel, als zöge da unten ein Malstrom. Du suchst einen Ruhepol, nach einem Ort, wo du die Beine hoch lagern kannst. Wo dir Venexia zu Hilfe eilen könnte. Ein Straßenlokal, wo du dich fallen lassen kannst, müde, erschöpft. Es schlägt sich jedes Jahr unter Venexias Herrschaft zu Buche. Der Wirt soll dir irgend etwas servieren. Un Spritz? Si.

Die Kante des Baffo-Bandes drückt durch den Stoff der Jeans. Du ziehst es heraus und liest.

(Anm. d. Verf.: Zitat unmöglich, weil und so weiter ... Schade.)

Dich zurücklehnend, fast schon wieder glücklich nach der Labung, denkst du an Venexia. Da hebst du die Augen und die Haare stehen dir zu Berge. Da, unmittelbar vor dir, die Zisterne auf dem vor ein paar Tagen wiedergefundenen Foto. Auf deren Deckel du gesessen bist, vor Jahrzehnten. Wo sie sich aufs Bild gestohlen hat. Da, gerade vor dir. Greif hin, streichle den Thron, der sie getragen hat, greif' in die Luft, versuche ihre Konturen nach zu zeichnen, die Stelle ausfindig zu machen, wo sie ihren Korb abgestellt hatte. Du ruderst schon im Nichts herum und machst dich vor den anderen Gästen lächerlich: Pantalone, der mit Krampfadern geschlagen, in grotesker Gier nach der Colombine hascht. Aber die entwischt ihm. Und zur Strafe hat ihm Arlecchino ein Löchlein in sein Nachtgeschirr gebohrt. Überschwemmung des Bettes, Wut und Trauer, Ohimé ...

Abendlicher Empfang auf der Terrasse des Hotels Europa & Regina, das Gespräch in Kollegenrunde dreht sich um die Pharaonen-Ausstellung im Palazzo Grassi. Aber du bist schon abwesend. Das türkisblaue Spiegelbild von Santa Maria Salute flirrt, ständig gebrochen und löst sich wieder in weiße und schwarze Wellen auf, wenn ein Boot vorüberschlapft, das Ruder eines Barcarol ins Wasser taucht: Venexia in großer Abendrobe.

Morgen wirst du vor Vitrinen mit dem Hausrat der Pharaonen stehen, vor Schmuck, Sandalen und Schminkutensilien. Du wirst auf einmal wie (im Wortsinn) gebannt auf das Armband einer kleinen, vor viertausend Jahren verstorbenen Prinzessin blicken. Eine Reihe feinziselierter Kätzchen aus Gold. Dergleichen müsste man Venexia darbringen dürfen. Du wirst dich in diesem Augenblick des Gefühls nicht erwehren können, dass du selbst angeschaut wirst. Du wirst den Blick heben und feststellen, dass zwei große Augen, prüfend, belustigt auf dir ruhen; aber da wird nichts mehr sein, als die kokette Statuette eines Mädchens, das eine Katze auf dem Arm trägt.

Das Dessert ist genossen, Aufbruch. Auf der verlassenen Piazza San Marco haben die Musikanten des Florian und des Quadri ihre Instrumente weggeräumt. Nur die Gespenster sind noch wach, haben gratis Platz genommen an den Tischen, wo sonst die Lebenden zur Kasse gebeten werden. Die nächtlichen Gäste grüßen zu dir herüber. Der Graf Gozzi, Goldoni und Casanova beim Farao-Spiel. Alvise Zorzi Baffo in der Scharlachrobe kritzelt einen unanständigen Vers auf ein Billett des Teatro San Samuele.

Eine verklärte Nacht. Nur sie, Venexia wird dich jetzt heimbegleiten, es sind nur ein paar Schritte zum Mond-Hotel. Sie wird da sein, unsichtbar zwar, solange du nicht eingeschlafen bist, so wie sie dich prüfend und belustigt, im Wachzustand aber unsichtbar begleitet hat, durch vier Jahrzehnte. Aufmerksam. Wie die Katz' die Maus.

In den Halbschlaf gleitend fühlst du dich, als lägest du, bis aufs Gesicht eingegraben in warmem Sand, am Lido. Badeöl und Schweiß der in der Sonne liegenden Menschen duften, wonach? Ist es der von der Mittagshitze aufgeheizte Sand, die vermoderten Textilien in den geöffneten Gräbern von San Michele? Gleißend weiß vor dir die Adria. Dort draußen müssen die goldenen Ringe liegen, welche der Doge zur Vermählung mit dem Meer in die Fluten warf.

Die Maragona donnert vom Campanile.

Rechte Zeit, dorthin zurückzukehren, wo alles anfing.

Fine

Anmerkung

Zum Sonettenkranz »VENEXIA«: Die uns in der einzigen bekannten deutschen Übersetzung vorliegenden Sonette an »Venexia«, einer Personifizierung der Lagunenstadt, weisen eine verwirrende Textgeschichte auf. Das italienische (venezianische) Original ist verschollen. Das bisher unveröffentlichte Manuskript der Übersetzungen wurde im Nachlass des Rechenlehrers und Geigers Fritz Pinkl (geb. 1751 Dunkelstein, heute Ternitz, gest. 1831 Bruck an der Mur) aufgefunden. In einem nur bruchstückhaft erhaltenen Brief des in intellektuellen Kreisen des Vormärz geschätzten Pinkl an Erzherzog Johann ist von venezianischen Sonetten die Rede, die der Briefautor schon um 1770 in Venedig angekauft habe. Pinkl, der sich zwischen 1768 und 1789 mehrmals in Venedig aufgehalten hat, um seine Technik auf der Violine zu perfektionieren, sprach, wie aus zeitgenössischen Zeugnissen hervorgeht, fließend italienisch. So dürfte er, bis ins Greisenalter an Literatur interessiert, auf die Sonette des »Anonimo Veneziano« gestoßen sein. Offenbar haben die Verse den Wunsch in ihm geweckt, dieselben ins Deutsche zu übertragen.
Der »Anonimo Veneziano« hat wahrscheinlich in der ersten Hälfte des 18. Jahrhunderts in Venedig gelebt und gedichtet. Dass es sich bei ihm um einen wenig sittenstrengen Charakter gehandelt haben muss, geht eindeutig aus dem Werk hervor. Wir haben uns, nach langen Bedenken entschlossen, die Sonette (weitgehend!) unzensuriert wiederzugeben: beweisen sie doch, wie vollständig ein gebildeter Zeitgenosse der Aufklärung der Droge Venedig erliegen konnte: Der Dichter zappelt wie eine Fliege im Spinnennetz, wie eine Maus in den Krallen einer Katze. Seine Vernunft hat er eingebüßt. Siehe die Stelle wo »Katzen« sich auf »brandzuschatzen« reimt.
Freilich weisen die Pinkl'schen Verse einige peinliche Styriazismen auf, etwa, wo er davon spricht, dass Venexia ihrem Löwen das »Goderl« kratzt.

Dass das Vermächtnis Pinkls und somit auch die Sonette seinerzeit überhaupt einem kleinen Kreis bekannt wurden, verdanken wir abermals bemerkenswerten Zufällen. Pinkl hatte seinen Nachlass noch am Totenbett seinem Freund Eduard Membier anempfohlen. Dieser ließ für den Eigengebrauch sowie für den ansonsten nur spärlichst dokumentierten »Philologischen Verein Thalia« in Lafnitz (Oststeiermark) Kopien der Sonette anfertigen.
Vorher schon dürften die Sonette im Kreise der »Ritter von der Blauen Erde« (Großmeister Erzherzog Johann) auf der Feste Seebenstein kursiert sein. Eine diesbezügliche Andeutung befindet sich in einem Aktenvermerk des Grafen Sedlnicky, dessen Zensurbehörde die eklatante Unmoral der Sonette sehr wohl erkannt hatte.
Der Text der Lafnitzer Kopien jedenfalls soll, allerdings in oststeirischer Mundart verfremdet und inhaltlich vergröbert, noch Anfang des 20. Jahrhunderts an Stammtischen des Joglandes gesungen worden sein.
Ganz wider Willen hat Ottokar Kernstock, der Priesterdichter von der Festenburg, einer weiteren Verbreitung der Sonette Vorschub geleistet. In seiner nur in einschlägigen Fachkreisen bekannten Streitschrift »Refutatio Operis Urinatoris« (was sich in allerdings diffamierender Weise auf »Pinkl« beziehen dürfte), erschienen Rohrbach (Bez. Hartberg) 1912, aber auch in mehreren aufrüttelnden Predigten warnte Kernstock vor der Lektüre der Sonette. In Lafnitz gab es vor kurzem noch Zeitzeugen, die behaupteten, Kernstocks Raserei gegen Italien und die Italiener (»Steirische Winzer, presst mir fein/Aus Welschlands Früchtchen blutroten Wein«) sei die Folge einer unreflektierten Lektüre der Sonette in ihrer Pinkl'schen Übersetzung.
Für Hinweise (wenn es solche überhaupt geben kann!) auf den originalen italienischen (venezianischen) Text wären wir unseren Lesern dankbar. Wer jeweils bis zum Aschermittwoch einen solchen Hinweis liefert, erhält einen versiegelten Flacon Original-Lagunenwasser ... **B. K. S**

Historischer Überblick

421: Am 25. März, zur Mittagsstunde soll Venedig auf den einsamen Inseln des Rivus Altus gegründet worden sein. Das Imperium Romanum lag im Todeskampf. In Venedig würde, so die retrospektive Vision der Venezianer, seine Weisheit, seine Stärke und Schönheit erhalten bleiben. Die Venezianer hielten stets den Mythos Venedig höher als historische Fakten. Letztere lieferten sie dann selbst und zwar ganz unbestreitbare.

476 erliegt Westrom den Stürmen der Völkerwanderung: Kaiser Romulus Augustulus wird abgesetzt. Er soll sich der Hühnerzucht gewidmet haben.

Der Patriarch von Aquileila residiert seit dem 6. Jahrhundert in Grado, die byzantinische Verwaltung richtet sich in Eraclea, später auf der Insel Malamocco ein.

697 wird mit Paoluccio Anafesto der erste Doge Venedigs in Eraclea gewählt.

737: Der Sitz des Dogen wird nach Malamocco verlegt.

In den folgenden Jahrzehnten Versuche des karolingischen Frankenreiches, Venedig unter seine Kontrolle zu bringen.

811: Der Doge übersiedelt endgültig an den »Rivus Alto«, den Rialto.

812: Friedensvertrag von Aachen zwischen Byzanz und dem Frankenreich. Venedig wird (anfangs unter byzantinischer Schirmherrschaft) unabhängig und bleibt es bis 1797.

828: Zwei venezianische Kaufleute entwenden in Alexandria die Gebeine des Evangelisten Markus, schmuggeln sie in Fässern mit gepökeltem Schweinefleisch außer Landes und bringen sie nach Venedig. Markus wird zum Schutzpatron Venedigs bis heute, das Banner von San Marco mit dem geflügelten

Löwen zum Hoheitszeichen der Republik. Zu Ehren San Marcos baut Venedig die Markuskirche als Palastkapelle des Dogen.

In den folgenden zwei Jahrhunderten steter Ausbau der Vormachtstellung in der nördlichen Adria (Istrien, Dalmatien) und Anstrengungen, Venedig von Byzanz zu emanzipieren.

Kulminationspunkt dieser Besterbungen ist

1204 die Eroberung Konstantinopels unter dem Dogen Enrico Dandolo im 4. Kreuzzug, der von den Venezianern geschickt manipuliert und statt nach Palästina nach Dalamatien und Byzanz dirigiert wird. Errichtung des lateinischen Kaiserreiches in Byzanz, Venedig erwirbt bedeutende Teile des byzantinischen Reiches (u.a. Zypern, Kreta, Negroponte).

1261: Das lateinische Kaiserreich fällt an die Byzantiner zurück, Venedig muss sich in der Folge gegen den Konkurrenten Genua behaupten. Genua unterliegt 1379, nachdem die genuesische Flotte bis Chioggia vorgedrungen ist.

Danach baut Venedig seine Macht im östlichen Mittelmeer systematisch aus.

Ebenso beginnt Venedig seit dem Ende des 14. Jahrhunderts, sein Hinterland in der Po-Ebene und in Friaul, die »Terra Ferma« zu kontrollieren. Die Republik erstreckt sich schließlich im Westen bis Bergamo, im Norden bis Pontebba, im Osten bis zur Festung Palmanova, im Süden bis zum Po-Delta.

Im ***16. und 17. Jahrhundert*** kulturelle Hochblüte Venedigs (Mantegna, Giorgione, Tizian, Tintoretto, Veronese) während die Bedrohung durch das Osmanische Reich wächst. Empfindliche Machteinbuße in der Ägäis, überraschender und triumphaler Sieg Venedigs und seiner spanischen und päpstlichen Verbündeten über die Türken in der Schlacht von Lepanto (7. 10. 1571). Dennoch geht die wirtschafliche Vormacht durch die Entdeckung Amerikas und dadurch neuer Handelswege verloren. Die Republik betreibt kluge Neutralitäts- und Gleichgewichtspolitik.

Noch immer kulturelle Weltmacht, verliert Venedig im ***18. Jahrhundert*** zusehends an politischem Einfluss. Nicht vergessen sollte man aber, dass das venezianische Rokoko eine der raffiniertesten Epochen der Kulturgeschichte der Menschheit gewesen ist, wenn nicht die raffinierteste, wie wir behaupten. (Vivaldi, Goldoni, Baffo, Casanova, Tiepolo, Longhi, Canaletto, Guardi, Besuch Mozarts und Goethes, gescheite Erwähnung in Voltaires »Candide«)

Liebhaber Venedigs können den Fall der Republik, im April 1797, verursacht durch den Einmarsch der Truppen des französischen Generals Bonaparte, bis heute nicht verwinden. Der letzte Doge war Lodovico Manin, begraben in der Scalzi-Kirche. Für kurze Zeit fällt Venedig an Österreich, dann an Frankreich, nach dem Wiener Kongress wieder an Österreich, das ein ein »lombardo-venetisches« Königreich einrichtet.

1848/49: Aufstand der Venezianer unter dem Volksvertreter Daniele Manin. Der Aufstand wird nach Monaten heroischen Widerstandes von den österreichischen Truppen niedergeschlagen, zum ersten Mal in der Weltgeschichte erfolgt ein Bombenabgriff, ausgerechnet gegen das Zentrum der Serenissima (Bomben an Luftballons aufgehängt, Erfindung Uchatius). Bis 1866 bleibt Venedig österreichisch und wird dann Teil des neuen Königreiches Italien. Venedig hatte nie Glück mit Österreich. Noch im Ersten Weltkrieg wollte sich ein österreichischer Luftwaffenoffizier und Bomberpilot einen G'spaß leisten. Er placierte eine Fliegerbombe direkt vor dem Hauptportal von San Marco. Noch 1936 hat er sich dieses Frevels öffentlich gerühmt. Die Bombe war, wie manches (und mancher) nördlich der Alpen, ein Blindgänger. Evviva San Marco!

Zu Tisch!

Kostproben aus der Lagunenstadt. Eine Orientierungshilfe.

Die Kochkunst der Serenissima erschließt sich erst auf den zweiten Blick, der Geschmack der Stadt lässt sich nur erspüren, wenn man sich hineinwagt in das geschichtsträchtige Labyrinth aus Kanälen, Brücken und schmalen Gassen. Wenn man sich treiben lässt von den Gerüchen des Meeres und der Märkte und sich dort zu kulinarischen Erkundungen niederlässt, wo das italienische Wort vorherrscht. Auch auf kulinarischem Gebiet wird Venedig von seinem eigenen Mythos geprägt – geheimnisvolle Sinnesfreuden wie einst bei den Banketten des Dogen, coole Eleganz wie aus Hemingways Lieblingslokal Harrys Bar oder eine schnelle ombra in der Bar um's Eck, wie sie sich Donna Leons Commissario Brunetti zu genehmigen pflegt, beherrschen die Vorstellungen vieler Besucher. Wer sich hier auf kulinarische Entdeckungsreise begibt, kann sich jedoch sehr bald seine ganz persönliche Speisekarte voller Appetithappen zusammenstellen.

Wer von der venezianische Küche spricht, dem werden unwillkürlich drei Speisen einfallen: Die venezianische Kalbsleber, die in einem anderen Land »Kalbsleber auf Lyoner Art« genannt wird, und doch ganz anders ist; »Sarde in saor« – die sauer eingelegten Sardinen; Baccalà – der Stockfisch, wobei in Venedig »baccalà mantecato« – das ist ein Stockfischmousse – die größte Tradition besitzt.

Doch Venedig bietet mehr als diese drei internationalen Gerichte, die unbestritten weltweit zu den Klassikern der Kochkunst gehören.

Bei den Muscheln sind es die Cape sante, die aus der Lagune geholt und als »cape sante a'la venessiana« verzehrt werden. Die »granseo'le«, die Meeresspinne, gehört ebenso zu den Klassikern der venezianischen Fischküche wie der Aal in Soße – »bisato in tecia«.

Bei den Vorspeisen hat der Erbsenreis – risi e bisi – eine große Tradition. Die »gnochi de patate« – die Kartoffelnockerln – sind im Grunde ein Andenken an die unselige Zeit, die Venedig unter den Habsburgern mitmachen musste.

Eine der berühmtesten Fleischspeisen der Neuzeit ist das »carpaccio«. Kreiert von Guiseppe Cipriani in den 30er-Jahren in der schon damals legendären »Harrys Bar«.

Bei den Desserts sind die Maistorte – »pincia«, die Weinschaumcreme – »zabajòn«, die venezianischen Krapfen (in Österreich gebackene Mäuse genannt) sowie die venezianischen Makronen – die »amareti venessiani« – zu nennen.

Viele der alten Rezepte aus der Küche Venetiens sind in der Stadt selbst in Vergessenheit geraten. Touristen stürzen sich auf Gegrilltes: Fisch, Fleisch, Gemüse. Dennoch lohnt es sich, fernab touristischer Trampelpfade nach dem Authentischen zu suchen: So mancher Gondoliere hat einen guten Tipp bereit, und oft sind hinter den unscheinbarsten Türen die köstlichsten Gaumenfreuden zu entdecken.

Osteria al Bomba

Cannaregio 4297/98
Strada Nuova - Santa Sofia
Venezia
Tel.: 041/5205175
www.osteriaalbomba.it

Der Name dieser gemütlichen Osteria ist zurückzuführen auf eine Bombe, die im Zweiten Weltkrieg genau an dieser Stelle landete und nicht explodierte. Die im gleich nebenan liegenden Kloster lebenden Schwestern erklärten dies durch ein Wunder. Seit damals existiert die Osteria al Bomba, die ca. 40 Gästen Platz bietet. Seit April 2003 führt der sympathische Stefano Filippi gemeinsam mit seinen Söhnen Giacomo und Marco das Lokal, das nur traditionelle venezianische Küche je nach Jahreszeit anbietet und dessen Spezialität die typisch venezianischen Cicchetti sind – verschiedene Vorspeisen, die man sich an der Theke auswählen kann, zum Beispiel:

Osteria al Bombà
listino prezzi al banco
Brandy
Cognac
Whisky riserva
Spritz corretto
Vini
Rosso di marca
Rosso comune
Bianco di marca
Bianco comune
Marsala
Porto
Spumante
Champagne
Birra
Birrino

Zutaten

1 kg gewässerter Stockfisch
Olivenöl
Petersilie
1 Knoblauchzehe
Salz und Pfeffer
Obers

Baccalà mantecato/Stockfischmousse

Den Stockfisch in kaltes Wasser legen und aufkochen lassen. Nach dem Aufkochen, Flamme zurücknehmen, den Schaum abschöpfen und rund eine halbe Stunde ziehen lassen.

Dann aus dem Wasser nehmen, die Haut vom Fisch abziehen, Gräten entfernen und den Fisch zerkleinern. Am besten mit einer Gabel das Fischfleisch zerdrücken. Dann Öl dazuschütten und gut rühren. Wie bei einer Mayonnaise so lange Öl dazugeben bis eine cremige Masse entsteht. Schließlich feingehackte Petersilie, etwas gepressten Knoblauch, Salz und Pfeffer dazugeben. Mit Obers verfeinern.

Stockfisch
Mehl
Ei
Öl zum Frittieren

Polpette di Baccalà mantecato

Stockfisch (getrockneter Kabeljau) hatten venezianische Kaufleute einst aus dem Norden mitgebracht. Er ist heute wie damals eine Spezialität: Faschierten Stockfisch zu Bällchen formen, in Mehl und Ei wälzen und dann in heißem Öl frittieren.

Trattoria Ca' D'oro »Alla Vedova«

Cannareggio 3912
Venezia
(Haltestelle Ca' D'Oro)
Tel.: 041/5285324
Donnerstag und Sonntag Vormittag geschlossen

Diese seit über hundert Jahren bestehende Trattoria wurde vom Urgroßvater der jetzigen Besitzer, den Geschwistern Renzo und Mirella Doni, gegründet und kann zweifellos als eines der gemütlichsten und ursprünglichsten venezianischen Lokale bezeichnet werden. Es wird hauptsächlich von Einheimischen besucht, die auch zwischendurch einmal vorbeischauen, um an der Theke eine »ombra« zu trinken und vielleicht eine Polpetta zu essen. Die ca. 50 Plätze sind vor allem am Abend gut ausgelastet, die Donis bieten neben den klassischen Antipasti jeweils fünf bis sechs Primi und drei bis vier Hauptgerichte, die auf einer Tafel beim Eingang angeschrieben werden. Die Küche ist traditionell venezianisch, und eine der Spezialitäten der »Alla Vedova« sind die Spaghetti alla Busara.

VEDOVA

Zutaten

30 dkg Scampi
Olivenöl
2–3 Knoblauchzehen
1 Schuss Brandy
1 Glas Weißwein
Chili, Salz, Pfeffer
geschälte, pürierte Tomaten

Spaghetti alla Busara

Den Knoblauch in Olivenöl anrösten, dann herausnehmen. Die Scampi kurz anrösten, den Brandy und den Weißwein hinzufügen und mit Chili, Salz und Pfeffer würzen, Tomaten hinzufügen und ca. 10 Minuten köcheln. Auf Spaghetti mit gehackter Petersilie servieren.

Osteria alla Frasca

Cannareggio 5176
Corte della Carità
Venezia
Tel.: 041/5285433
Mittwoch Abend geschlossen

Seit 1903 Osteria und Cicchetteria, sehr malerisch gelegen – besonders im Sommer genießt man im Gastgarten das einzigartige Flair von Venedig. Auch hier wird das Lokal von einem jungen, dynamischen Team um Mehdy DiLoreto geführt. Spezialität sind die im Haus immer frisch zubereiteten Nudeln, aber auch das Vorspeisenangebot ist beachtlich. Gäste sind hauptsächlich Italiener, aber auch einige Gäste aus dem Ausland, die seit Jahren kommen, wie der Besitzer stolz berichtet.

5176

Zutaten

1 Zwiebel
2–3 Zehen Knoblauch
Trevisaner Radicchio
1 Nuss Butter
Olivenöl
Salz, Pfeffer
1 Schuss Brandy
1 Salsiccia

Tagliolini con Radicchio Trevigiano e Salsicce

Die kleingeschnittene Zwiebel und die Knoblauchzehen in Olivenöl anrösten, den Knoblauch dann wieder herausnehmen. Den geschnittenen Radicchio mitrösten, eine Nuss Butter dazugeben und karamelisieren lassen. Mit einem Schuss Brandy ablöschen, die kleingeschnittene Salsiccia dazugeben, mit ein wenig Wasser ca. 10 Minuten köcheln und abschmecken. Auf den Tagliolini mit Petersilie bestreut servieren.

200 g Scampi
400 g Zwiebeln
Knoblauch
1 dl Weißweinessig
Weißwein

Scampi in Saor

Die Scampi frittieren und ca. die Hälfte in einem flachen Gefäß verteilen, die geschnittenen Zwiebeln mit zwei ganzen Knoblauchzehen in Olivenöl anrösten, den Knoblauch dann herausnehmen. Die Scampi mit den Zwiebeln bedecken, den Weißweinessig und einen Schuss Wein darüber gießen. Danach den Vorgang wiederholen, eine zweite Schicht darüber verteilen. Ca. 48 Stunden marinieren (ev. Pignoli und Rosinen darüber verteilen). Erwärmt servieren.

Trattoria alla Rivetta

Ponte San Provolo 4625
Venezia
Tel.: 041/5287302
Montag Ruhetag

Die seit 40 Jahren bestehende Trattoria alla Rivetta ist schon seit Jahren ein Geheimtipp und bietet traditionelle venezianische Küche höchster Qualität. Fischspezialitäten, oder die berühmte venezianische Leber zählen zu den Highlights, die absolute Spezialität des Lokals ist aber der »Padrone«, Stefano Pelizzaro, wie uns sowohl seine Angestellten als auch einheimische Stammgäste glaubhaft versicherten.

TRATTORIA RIVETTA

Zutaten

40 dkg Kalbsleber
2 große Zwiebeln
Sonnenblumenöl
Salz, Pfeffer
Zitronensaft

Fegato alla Veneziana

Zwiebeln anrösten und aus der Pfanne nehmen, Leber hineingeben und rösten, bis sie leicht braun wird. Mit Weißwein ablöschen, die Zwiebel wieder dazugeben und mit Salz, Pfeffer und Zitronensaft abschmecken.

½ kg Tintenfische und Tinte
2–3 Knoblauchzehen
1 große Zwiebel
2 Lorbeerblätter
1 Glas Weißwein
passierte Tomaten
Salz, Pfeffer
Olivenöl

Sepe Nere su Polenta

Den Knoblauch in Olivenöl anrösten und danach herausnehmen, Zwiebel anrösten, dann die in Streifen geschnittenen Tintenfische mitrösten. Mit Weißwein ablöschen. Die Lorbeerblätter, Salz und Pfeffer, Tintenfischtinte und Tomaten hinzufügen und ca. zwei Stunden lang köcheln.
Auf einem Polentabett servieren.

Antica Trattoria »La Furatola«

Calle Lunga S. Barnaba 2869/A
Dorsoduro (Venezia)
Tel.: 041/5208594
e-mail: furatola@gpnet.it
Donnerstag Ruhetag

Traditionelles, sehr gemütliches Restaurant, das seit sieben Jahren von einem jungen, dynamischen Team um die Brüder Massimiliano und Renato Peltrera geführt wird. Die angebotenen Speisen sind von höchster Qualität. Die Spezialitäten des Hauses sind Fisch in allen Variationen und die legendäre Dessertvariation aus hausgemachten traditionellen Süßspeisen. Aber auch das Angebot an Vorspeisen und die Fleischgerichte kann sich sehen lassen.

ANTICA TRATTO
La Furatola
MAX E RENATO

Zutaten

- ½ l Milch
- 150 g Rundkornreis
- 4 Eigelb
- 100 g Zucker
- Salz
- Zitronenschale
- 1 Vanillezucker
- etwas Rohrzucker

Torta al Riso

Die Milch aufkochen, Reis, Zucker und Salz hinzufügen und kochen, bis der Reis weich ist. Auskühlen lassen, dann Eigelb, Vanillezucker und Zitronenschale schaumig rühren und vermischen. Rohrzucker darüberstreuen und im Rohr bei 180 Grad ca. eine halbe Stunde lang backen.

- ½ l Milch
- 200 g Polenta
- 100 g Zucker
- 1 Gläschen Grappa
- 100 g getrocknete Feigen
- 100 g Rosinen
- 50 g Pignoli
- 50 g Fenchelsamen

Pincia

Milch aufkochen, Polenta hineinrühren und ca. 10 Minuten kochen. Danach den Grappa und alle anderen Zutaten darunter rühren und bei 250 Grad ca. eine halbe Stunden lang backen.

Weitere empfehlenswerte Adressen

Taverna La Fenice (San Marco, Campiello de la Fenice 1938; Tel.: 041/5223856; Sonntag geschlossen) direkt neben dem Theater La Fenice. Gehört zu den traditionellsten Lokalen der Stadt, wo auch immer wieder nach alten Rezepten gekocht wird. Marcel Proust war in dieses Lokal ebenso verliebt wie Carlo Goldoni.

Al Bacareto (San Marco, Calle Crosera 3447; Tel.: 041/5289336; Samstag Abend und Sonntag geschlossen) ist eine uralte Osteria unweit des Palazzo Grassi. Ob Stockfisch oder eingelegte Sardinen, hier wird nach alten Rezepten gekocht.

Al antico Dolo (San Polo, Rugheta del Ravano 788; Tel.: 041/5226546; Dienstag geschlossen) nennt sich eine heimelige, kleine Osteria, die sich auf dem Touristenpfad zwischen der Rialto-Brücke und dem Bahnhof befindet. Nur ein schmaler Eingang deutet auf ein Wirtshaus hin.

Al Ponte (im Stadtteil Cannaregio unweit der Ponte del Cavallo) bietet ein vorzügliches Stockfischmousse. Dort werden auch viele gute Weine gereicht.

Antico Pizzo (San Polo, Calle S. Mattio 814; Tel.: 041/5231575; Sonntag Nachmittag und Montag geschlossen) heißt eine historische Taverna, die gegen den Touristenstrom mit venezianischer Qualität ankämpft und bisher obsiegt hat. Eine Trattoria nahe der Rialto-Brücke, die für ihre Fischspezialitäten bekannt ist.